Tanja Rödig

Finde den

Zauberer

in Dir

Selbstsicherheit und innere Stärke
für Kinder

**Kreatives Mitmach-Buch für Groß und Klein
mit stärkenden Fantasiereisen**

Manuela Kinzel Verlag

Dieses Buch dient der Information und Inspiration zur inneren Stärke, Herzenskraft und Entspannung im Sinne der Persönlichkeitsentwicklung. Bei Kindern mit Epilepsie, Trauma oder in psychologischer Behandlung sollten Fantasiereisen und Körperwahrnehmungen nur in Absprache mit dem behandelnden Arzt stattfinden.

Impressum:

Manuela Kinzel Verlag
06844 Dessau * 73037 Göppingen
Tel. 07165 / 929 399

info@manuela-kinzel-verlag.de
www.manuela-kinzel-verlag.de

Foto Tanja Rödig: Melihat Kaplan

1. Auflage 2021
© Alle Rechte vorbehalten.
Manuela Kinzel Verlag

ISBN 978-3-95544-151-7

Finde den

Zauberer

in Dir

Dieses Buch gehört:

Bei meiner Reise zu meiner inneren Welt begleitet mich:

Das sind wir zwei auf der Reise:

Malt oder gestaltet Euch beide gerne zusammen –und lasst dabei Eurer Fantasie freien Lauf!

Inhalt

Kapitel 1: EINFÜHRUNG

Herzlich willkommen an Dich, lieber Reisebegleiter[1]!

Der Zauberer Deines Kindes freut sich sehr: „Wie schön, dass Du dabei bist und Dein Kind auf seiner Reise begleitest!"

Denn: Jedes Kind braucht innere Stärke und Selbstsicherheit – mehr als je zuvor!
Die Realität zeigt leider: Schätzungsweise jedes dritte Kind leidet unter Mobbing[2], überfordernden Konfliktsituationen und heftigem Stress[3].
Kein Kind sollte solche Erfahrungen machen müssen – und wenn wir uns wünschen, dass aus Kindern glückliche und innerlich starke Erwachsene werden, ist es unsere Aufgabe, sie bereits als Kinder kontinuierlich zu stärken.

Gut zu wissen: Die emotionale Welt unserer Kinder wird nicht in erster Linie durch äußere Einflüsse oder die jeweilige Lebenssituation geprägt. Die Stärke der inneren Widerstandskraft – auch

---

1 Aus Gründen der Einfachheit beim Lesen verzichte ich auf die männl./weibl./div. Form
2 Bertelsmannstiftung 2019; https://www.bertelsmann-stiftung.de/de/themen/aktuelle-meldungen/2019/juli/nehmt-sie-ernst-junge-menschen-wollen-gehoert-und-beteiligt-werden/
3 https://www.bptk.de/fast-jedes-dritte-kind-durch-schulschliessungen-psychisch-belastet/

Resilienz genannt – entscheidet zum größten Teil, wie Kinder sich selbst und ihre Welt wahrnehmen und beurteilen.

Und das ist das Wunderbare: Du kannst mit Deinem Kind gemeinsam das Gute, die Stärken, den jeweiligen Blick auf die Welt entdecken! Lass uns mit dem Zauberer erforschen, wie wichtig es ist, Gefühle wahrzunehmen, die innere Welt zu entdecken und dem Herzen zuzuhören.

Der Zauberer möchte Dein Kind auf dieser Reise stärken. So gewinnt es mehr Selbstvertrauen, entdeckt seine innere Stärke, wächst über sich hinaus, wird nachhaltig in seinem Selbstbewusstsein gestärkt und fühlt sich selbstsicherer.

Das Buch *„Finde den Zauberer in Dir"* unterstützt Dein Kind auf der Reise in seine innere Welt.
Es wurde entwickelt von Tanja Rödig. Die Idee des Buches ist durch ihre Tätigkeit als psychologisch-systemische Persönlichkeitstrainerin und Coach für Kinder, Jugendliche und Erwachsene sowie durch ihre Erfahrung als Resilienz- und Entspannungstrainerin entstanden.

Der Zauberer & Tanja Rödig wünschen Euch von Herzen viel Freude beim gemeinsamen Erleben, Entspannen, Kreativsein und beim Stärkegewinnen!

Seid kreativ und entspannt in Verbindung – Aufbau und Konzept

Der Zauberer lächelt und sagt: Das Wichtigste ist die Verbindung zu Deinem Kind. Sie geht direkt von Herz zu Herz. Diese gemeinsame Reise lohnt sich!

Sie führt durch die Welt der Gefühle. Entdeckt, was der Körper für wichtige Botschaften hat, begegnet Stärken, dem Vertrauen, dem Glück und dem Geheimnis des Zauberers.

Dabei regt der Zauberer zum Nachdenken und -fühlen an. Dies ist die wunderbare Möglichkeit, in Verbindung miteinander zu sein, Euch auszutauschen und zu erzählen und Eure Gefühle sowie Gedanken wahrzunehmen – und die Beziehung zwischen Dir und Deinem Kind zu stärken.

Der Zauberer begleitet Dein Kind in acht entspannenden und stärkenden Fantasiereisen. Dadurch entdeckt es spielend, wie wichtig es ist, zwischen all den Alltagsgedanken zur Ruhe zu kommen, zuzuhören und zu entspannen.

Toll wäre, wenn Du, lieber Reisebegleiter, diese Fantasiereise vorlesen kannst.

Wenn Du und Dein Kind gemeinsam ins Land der Fantasie reisen möchtet, könnt Ihr Euch ausgewählte Fantasiereisen des Buches gerne anhören. Ihr findet sie unter:

www.findedenzaubererindir.com/fantasiereisen/

Um die innere Stärke noch tiefer zu festigen, lädt der Zauberer Euch ein, nach jeder Fantasiereise kreativ zu sein und das Erlebte in einem Bild festzuhalten.

Der Fantasie sind dabei keine Grenzen gesetzt – und die Ideen in diesem Buch dienen zur Inspiration. Ihr könnt malen, gestalten, Worte finden, ein Gedicht daraus machen, Musik spielen und vieles mehr.
Sollte Dein Kind nicht malen wollen: Vielleicht mag es erzählen, tanzen, spielen?

Lasst Euch dabei Zeit ... ohne Druck, ohne Zeitvorgabe und ohne Bewertung. Das, was entsteht, ist so, wie es ist, völlig in Ordnung. Wichtig ist nur, dass Dein Kind sich erinnert und sein positives Erlebnis vertieft. Dazu lade ich auch Dich ein, lieber Reisebegleiter.

Alle Erwachsenen bittet der Zauberer an dieser Stelle, diese Art von Kreativität nicht zu bewerten. Er schmunzelt und sagt: „Dazu neigen wir ja manchmal, stimmts?"

In diesem Buch gibt es kein „Da musst Du das aber noch größer, … gelber, … schöner, … farbiger malen!" Versprochen? Denn Du weißt: Jeder Mensch ist gut. Ganz genau so, wie er ist.

Dein Zauberer heißt Dich herzlich willkommen, liebes Kind!

Dein Zauber zieht seinen Zauberhut und verbeugt sich vor Dir: Wie schön, dass Du da bist! Ich freue mich sehr, mit Dir auf eine ganz wundervolle Reise zu gehen. Mit mir und Deinem Reisebegleiter wirst Du Deine innere Welt kennenlernen.

Dein Zauberer erklärt: In diesem Buch ist Platz für Deine Stärken, hier erfährst Du, wie wertvoll Du bist! Du lernst Deine Gedanken und Gefühle kennen. Ich lade Dich immer wieder dazu ein, kreativ zu sein: Du kannst in diesem Buch malen, wie es Dir gefällt!

Dein Zauberer flüstert Dir zu: Ja, wirklich! Das, was Du kreativ machst, muss niemand anderem gefallen! Wichtig ist, dass es Dir gefällt!
In dieses Buch kannst Du schreiben – ich werde Dich dazu immer wieder etwas fragen. Ich freue mich, wenn Du Deine Gedanken zu den Fragen aufschreibst. Oder Dein Reisebegleiter schreibt

auf, was Du ihm erzählst. Er begleitet Dich und wird Dir dabei auch von seinen eigenen Erfahrungen und Erlebnissen erzählen! Ihr habt also eine ganz spannende, schöne, gemeinsame Zeit vor Euch!

Deinem Zauberer ist wichtig: Dieses Buch möchte Dir Freude bereiten. Nimm es zur Hand, wenn Du Dich danach fühlst. Beantworte die Fragen, die Du beantworten magst und zu denen Dir eine Antwort einfällt. Du entscheidest darüber, ob und wann Du es ansehen und mit dem Buch auf die Reise gehen möchtest. Denn dies ist Dein Buch, hier sammelst Du Deine Erfahrungen, Gedanken und Gefühle.

Kapitel 2: KOMM MIT AUF DIE REISE IN DEINE INNERE WELT!

In diesem Buch möchte Dich Dein Zauberer zu entspannten Fantasiereisen einladen, die Dich mit Herzenszauberkraft stärken!

Dein Reisebegleiter wird Dir jede Fantasiereise ganz liebevoll vorlesen – und es ist, als würde sie Dein Zauberer direkt in Dein Herz flüstern.

Wie bereite ich mich gut auf die Reise vor?

Findet einen ruhigen Ort, an dem ihr beide ungestört seid. Solltest Du ein Handy haben, mache es für diese Zeit aus oder nimm es nicht mit in den Raum. Für diese Reise brauchst Du es nicht!

Mache es Dir bequem. Du kannst liegen – ganz entspannt auf Deinem Bett – oder auf dem Sofa. Du kannst Dich mit Deiner Lieblingsdecke einkuscheln. Vielleicht magst Du ja auch Dein Lieblings-Kuscheltier auf Deine Reise mitnehmen?

Du kannst auch sitzen – in Deinem Lieblingssessel oder auf einem bequemen Stuhl. Wichtig ist, dass Du Dich wohlfühlst!

Und wenn Du das Land Deiner Fantasie noch nie besucht hast: Du kannst nur alles richtig machen!

Folge einfach den Worten Deines Reisebegleiters. Sei gespannt, was Du in Deiner inneren Welt alles sehen kannst!

Lieber Reisebegleiter, so gestaltest Du die Fantasiereise gut und sicher

Beginne zu jeder Fantasiereise im Buch immer wieder mit der Einleitung. Sie ist wichtig, damit jeder Reisende erst einmal gut bei sich selbst ankommt – in seiner Ruhe.

Lass Dir ein bisschen Zeit und gehe in Deinen Gedanken und in Deinem Herz diese Reise mit. Du wirst spüren: An manchen Stellen braucht es eine kleine Pause, um Deinen Worten und auch eigenen Empfindungen folgen zu können.

Wichtig ist, die Fantasiereise mit dem entsprechenden Ausstiegstext zu beenden. Dieser folgt am Ende jeder Fantasiereise, damit Dein Kind wieder wach, frisch und voller Energie ist. So kommt es gut von der Reise zurück in den Raum und in die Gegenwart. Hier kann Deine Stimme lauter und präsenter werden, sobald Du den Schlussteil ab „Du verabschiedest Dich…" liest.

Ganz viel Freude für Dich!

Damit auch Du selbst zur Ruhe kommst und ganz entspannt lesen kannst, hier ein kleiner Zaubertrick für Dich – während Dein Kind es sich gemütlich macht.

 Finde auch Du für Dich einen bequemen Platz.
Auch Du kannst nur alles richtig machen!
Atme tief ein ... und wieder aus. Ganz bewusst.
Spüre, was gerade ist – innen und außen.
Fühle das, was ist. Wo im Körper spürst Du es?
Sage ganz bewusst JA zu dem, was ist.
Lächle zu dem, was ist. Stell Dir vor, Dein Lächeln erreicht jede einzelne Zelle Deines Körpers. Und wenn Du magst, schicke ganz besonders viel davon zu der oder den Körperstellen, bei denen Du etwas spürst.
Atme und lächle.
Spüre Deine Füße verbunden mit der Erde – und Dein Herz verbunden mit dem Kind, mit dem Du jetzt auf die Reise gehst.

Einleitung zu den Fantasiereisen –
die Reisevorbereitung

**Trage hier gern feierlich den Namen des Kindes ein,
dem das Buch gehört!**

*Liebe*r* _____

*Finde einen für Dich bequemen Platz.
Setze oder lege Dich ganz bequem hin.
Du kannst nur alles richtig machen.*

*Folge einfach meinen Worten und
schau, was Du in Deiner inneren Welt
sehen kannst.
Ich möchte Dich zu einer ganz besonderen Reise einladen.
Dafür solltest Du ganz leise sein und mir genau zu-
hören.
Du wirst sehen, dass Du allein mit Deiner Fantasie
eine Reise machen kannst, ohne in ein Auto oder
ein Flugzeug steigen zu müssen.*

*Wenn Du soweit bist, schließe, wenn Du möchtest,
Deine Augen.*

Versuche nun, alle anderen Gedanken, die Du hast, auf kleine weiße Wölkchen zu packen, die vorüberziehen, denn sie sind gerade nicht wichtig.
Du bist gespannt, wohin Dich die Reise heute bringen wird.
Wer wird Dir heute begegnen? Was wirst Du heute erleben?

Jetzt brauchst Du nicht mehr zu reden, nur noch zu lauschen.
Du bist ganz ruhig und entspannt.

Dein Gesicht ist ganz entspannt und Du atmest ruhig ein und aus, ganz tief ein, in den Bauch hinein und aus.
Der Nacken und die Schultern fühlen sich leicht an.
Deine Arme und Beine sind ganz entspannt.
Deine Hände liegen ganz locker.

Es gibt nichts mehr, was Dich stört.
Du fühlst Dich wohl und es geht Dir gut.

Nun kann unsere Reise beginnen.

Kapitel 3: VERTRAUE DEINER INNEREN STIMME UND HÖRE AUF SIE

Dein Zauberer freut sich schon auf Dich: **In diesem Kapitel lernst Du eine von vielen Zauberkräften in Dir kennen: Es ist die Zauberkraft, mit der Du für Dich jederzeit die richtige Lösung findest. Damit es Dir richtig gut geht! Es ist: Dein Selbstbewusstsein!**

Weißt Du, was Selbstbewusstsein bedeutet? Was ist es denn für Dich?

_____

_____

_____

Dein Zauberer schmunzelt: **Heute verrate ich Dir, was Selbstbewusstsein noch ist:**

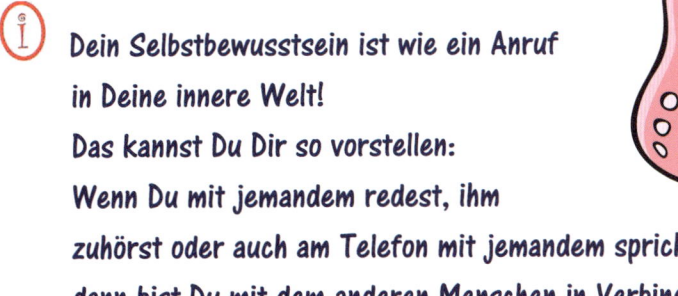

Dein Selbstbewusstsein ist wie ein Anruf in Deine innere Welt!
Das kannst Du Dir so vorstellen:
Wenn Du mit jemandem redest, ihm zuhörst oder auch am Telefon mit jemandem sprichst, dann bist Du mit dem anderen Menschen in Verbindung.

Doch hast Du schon einmal mit Dir selbst telefoniert, warst Du schon einmal mit Dir selbst in Verbindung? Hast Du Dich selbst schon mal gefragt, wie es Dir gerade geht? Wie Du Dich fühlst? Ganz ehrlich, nur für Dich?

Alle Gefühle dürfen sein!

Welche Gefühle kennst Du?

_____

_____

_____

Deinem Zauberer ist wichtig: In Deiner inneren Welt sind auch Deine Gefühle zuhause. Jedes Gefühl, das Du hast, ist absolut in Ordnung!

Alles darf da sein. Jeder von uns darf glücklich und traurig sein! Jeder von uns darf Angst haben, wütend, genervt und auch fröhlich und stolz auf sich sein!

Achte nur gut darauf, was Du mit diesem Gefühl tust: Denn kein anderer Mensch und kein Tier sollten durch eine Handlung verletzt werden.

Damit Du Deine Zauberkraft aktivierst, ist es ganz wichtig, auf Deine Gefühle zu hören. Denn sie zeigen Dir den Weg wie ein Kompass! Kennst Du einen Kompass? Mit einem Kompass kannst

Du Dich orientieren, mit seiner Hilfe findest Du den Weg und kommst Du immer wieder sicher nach Hause.

Dein Zauberer ist ganz aufgeregt: Der Kompass, den ich Dir zeige, ist ein ganz besonderer, denn er ist ein magischer Kompass! Er ist in Deiner inneren Welt zuhause – und er hat zwei unterschiedliche Seiten.

Die eine Seite ist grün. Hier sind alle Gefühle zuhause, die Dich gut fühlen lassen, Dein Herz vor Glück zum Hüpfen bringen und Dich fröhlich machen!

Die andere Seite ist rot. Hier wohnen die Gefühle, die Dich schlecht fühlen lassen, zum Beispiel, wenn Du traurig oder wütend bist. Die magische Kompassnadel zeigt Dir, wie Du Dich gerade fühlst. Und Du selbst hast die Zauberkraft, Deine Kompassnadel immer wieder auf die grüne Seite zu bringen! Ich zeige Dir, wie das geht!

Dein magischer Kompass

Dein Zauberer fragt: Welche Gefühle lassen Dich schlecht fühlen? Frage Dich: Was macht mich traurig, was macht mich wütend? Was enttäuscht mich? Trage das, was Dir dazu einfällt, in den roten Bereich ein. Und dann überlege Dir: Welche Gefühle lassen mich richtig gut fühlen? Frage Dich: Was macht mich glücklich? Was bringt mich alles in den grünen Bereich? Schreib alles, was Dir einfällt, in den grünen Bereich! Wenn Du mehr Platz brauchst, nimm Dir ein großes Blatt Papier und male Deinen persönlichen magischen Kompass auf!

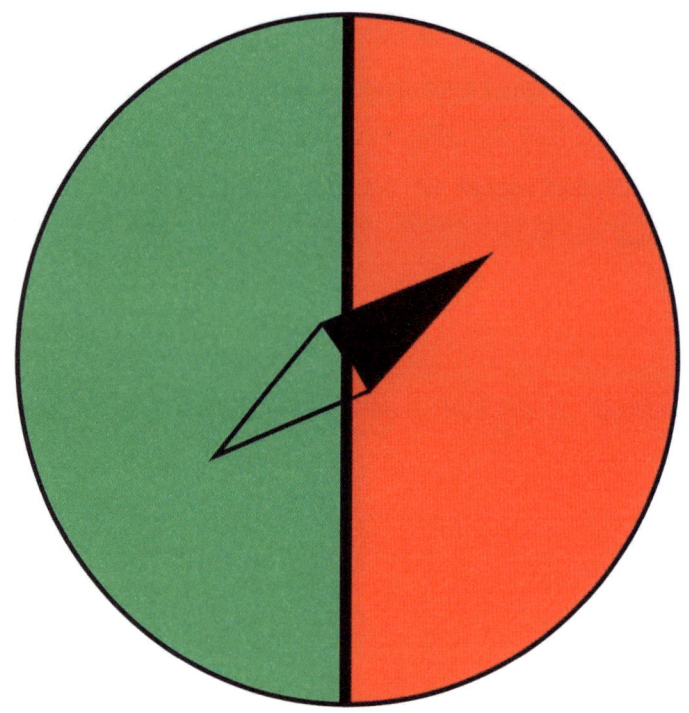

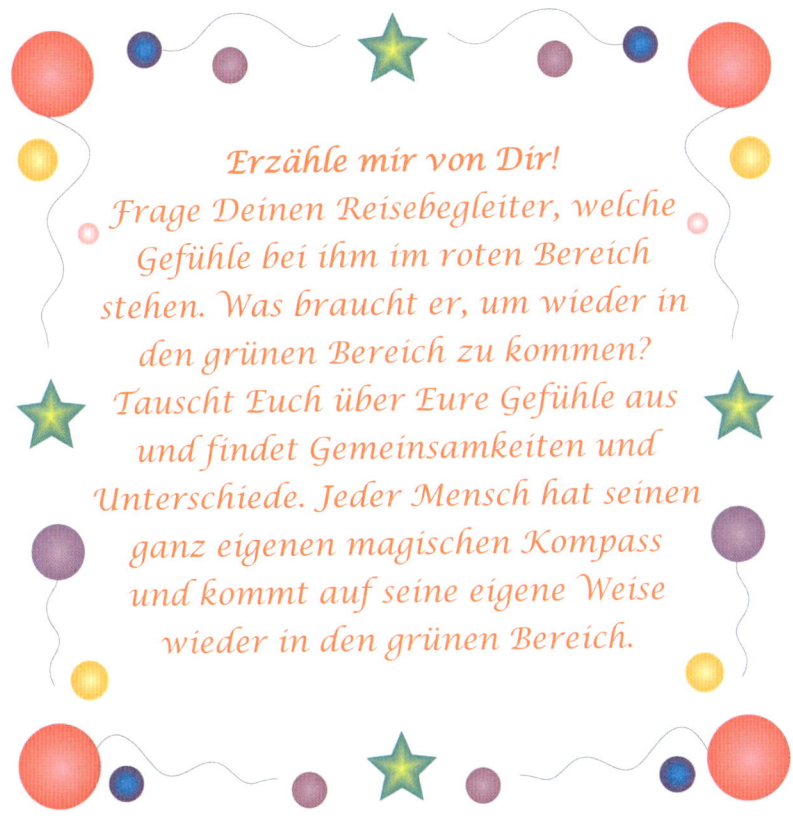

Erzähle mir von Dir!
Frage Deinen Reisebegleiter, welche
Gefühle bei ihm im roten Bereich
stehen. Was braucht er, um wieder in
den grünen Bereich zu kommen?
Tauscht Euch über Eure Gefühle aus
und findet Gemeinsamkeiten und
Unterschiede. Jeder Mensch hat seinen
ganz eigenen magischen Kompass
und kommt auf seine eigene Weise
wieder in den grünen Bereich.

Dein Zauberer erklärt: **Wenn Du in Dich hineinhörst, in Deine innere Welt, und Dich kurz anrufst, dann weißt Du, wie es Dir gerade geht. Du spürst, wie Du Dich fühlst. Du kennst jetzt Deinen magischen Kompass und sein Geheimnis!**
Wenn Du Dich schlecht fühlst, kannst Du überlegen, was Du gerade brauchst oder tun kannst, um wieder in den grünen Bereich zu kommen.

Du selbst hast die Zauberkraft, damit Dein Gefühl zu verändern. Jetzt weißt Du, was Dich gut fühlen lässt, was Dich alles glücklich macht. Und wenn Du in Dich hineinspürst, wirst Du feststellen, dass es Dir viel besser geht, wenn Du Dich gut fühlst. In diesem Buch werde ich Dir noch viele Geheimnisse verraten, die Dich gut fühlen lassen!

Nun ist Dein magischer Kompass auf Dich eingestellt – und jetzt zeigt er Dir den Weg. So kannst Du selbst eine Situation verändern – raus vom schlechten, rein ins gute Gefühl! Das heißt übrigens nicht, dass Du vermeidest, was Dich schlecht fühlen lässt. Auch das gehört zu uns. Doch Du kannst mit dem magischen Kompass einen Weg finden, der Dich wieder gut fühlen lässt.

**Konzentriere Dich
auf das Gute im Leben!**

Dein Zauberer flüstert Dir zu: Ich verrate Dir etwas: Eine von vielen Möglichkeiten, Dein Gefühl wieder in den grünen Bereich zu bringen, ist eine Fantasiereise. Die entspannt ganz wunderbar und macht Dich innerlich auch noch richtig stark! Deshalb findest Du in diesem Buch immer wieder eine Fantasiereise, bei der ich Dich begleite.

Und so lade ich Dich jetzt zu einer kleinen Fantasiereise ein. Wir machen uns auf die Reise in unsere innere Welt, denn all Deine wundervolle, positive Kraft findest Du in Dir. Und wenn es Dir in Dir drin gut geht, dann geht es Dir auch in der äußeren Welt gut! Macht es Euch gemütlich, und los geht die Reise!

Lieber Reisebegleiter, auf Seite 17 findest Du die Einleitung. Viel Freude bei der Fantasiereise!

Dein inneres Schutzhäuschen

Stell Dir vor, Du bist auf einer traumhaft grünen Wiese und die Sonne scheint.
Hier blühen ganz viele bunte Blumen. Riechst Du ihren Duft? Bienen summen und Du kannst die Sonnenstrahlen fühlen, die Dein Gesicht streicheln.

Ein Schmetterling fliegt ganz leicht um Dich herum. Du folgst ihm. Er führt Dich einen schönen Weg an der Wiese entlang. Du blickst Dich um.
Ist das nicht eine tolle Landschaft?
Da siehst Du ein ganz schönes, kleines Häuschen. Die Tür ist einladend geöffnet. Du bist neugierig! Weil es so behaglich aussieht, traust Du Dich und gehst auf das Häuschen zu.
An der Tür steht: DEIN NAME.
Du blickst hinein. Es ist das bezauberndste, gemütlichste Häuschen, das Du je gesehen hast.
Du siehst, es ist ein Tisch ganz liebevoll gedeckt – für Dich.
Du fühlst Dich sofort willkommen, angekommen, zuhause.
Du wunderst Dich gar nicht, als es an der Tür leise klopft. Du öffnest.
Es ist ein Zauberer! Siehst Du seine liebevollen, gütigen Augen? Er lächelt Dich sanft an und sagt mit leiser, warmer Stimme:
„Wie schön, dass Du hier bist. Das ist Dein Häuschen. Dein ganz eigenes, kleines Haus. Hier bist Du beschützt. Hier bist Du völlig sicher und geborgen."
Kannst Du seine liebevolle Stimme hören?
Er überreicht Dir einen Schlüssel. Es ist der Schlüssel zu Deinem Häuschen. Er gibt Dir auch einen Zauberstab und er spricht weiter:

„Mit diesem Zauberstab kannst Du Dir Dein kleines Haus genau so gestalten, dass Du Dich hier immer wohl und sicher fühlst. Was immer Du dazu brauchst, Du kannst es Dir mit dem Zauberstab erfüllen. Jetzt oder wann immer Du in Dein Häuschen kommst, hab ganz viel Freude dabei!"

Er verbeugt sich vor Dir, winkt Dir zu und verabschiedet sich.

Du schließt die Tür. Es ist eine ganz sichere Tür, die nur Du öffnen kannst.

Du schaust Dich in Ruhe in Deinem Haus um. – So beeindruckend ist es hier.

Wie sieht Dein Häuschen im Inneren aus?

Es duftet so gut hier! Kannst Du das riechen?

Du überlegst: Was möchte ich denn zaubern?

Was brauchst DU, damit Du Dich sicher fühlst?

Vielleicht möchtest Du Deine Lieblingsfarbe im Haus haben. Welche könnte das sein? Oder gibt es mehrere Farben?

Möchtest Du etwas zum Entspannen? Ein weiches, kuscheliges Bett? Oder ein Sofa mit ganz vielen Kuschelkissen? Oder einen bequemen Ohrensessel? Vielleicht eine Hängematte oder ein Tipi-Zelt? Du schwingst den Zauberstab und schwups! ist alles so, wie Du es noch lieber hast.

In Deinem Haus ist es angenehm warm. Spürst Du das?

Du nimmst Platz und kuschelst Dich ein. Alles ist warm und weich, alles ist hier voller Vertrauen, voller Liebe und Geborgenheit. Hier bist Du willkommen. Du bist hier voll und ganz angenommen, umsorgt und geliebt. Hier kannst Du Dich fallen lassen, genießen und Deinen Zauberstab ausprobieren. Du kannst ganz DU sein und Deinen Gefühlen in Ruhe nachspüren.

Du fühlst Dich so wohl hier. Das ist ein ganz tolles, gutes Gefühl – voller Ruhe, Harmonie und Liebe. Du bist glücklich, denn mit Hilfe des Schmetterlings und Deines Zauberers hast Du Dein eigenes Schutzhaus gefunden. Ab jetzt benötigst Du nur ein Fingerschnipsen, um jederzeit wieder hierher zu kommen – in Deine Geborgenheit, in Deine Sicherheit –. Hier bist Du vollkommen geschützt und geliebt.

Du verabschiedest Dich von Deinem eigenen kleinen Häuschen.

Es ist nun an der Zeit langsam zurückzukommen.
Nimm einen tiefen Atemzug. Atme tief ein und aus.
Spüre Deine Finger und bewege sie langsam.
Spüre Deine Arme und deine Beine.
Strecke und räkele Dich wie eine Katze.
Spanne alle Muskeln des Körpers an und fühle dabei die Kraft und Energie in Dir.
Ich zähle gleich langsam rückwärts von 5 bis 0. Bei 0 öffnest Du Deine Augen wieder. Du wirst er-

frischt und wach sein und Dich angenehm und wohl
fühlen.
5-4-3-2-1 und 0.

Willkommen zurück!

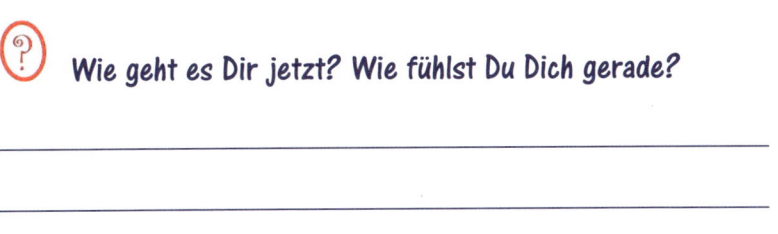

Wie geht es Dir jetzt? Wie fühlst Du Dich gerade?

_____

_____

_____

Dein Zauberer erklärt: Ich habe Dir auf der Reise einen Ort gezeigt, zu dem Du ab jetzt immer wieder mit einem Finger- schnipsen zurückkommen kannst. Hier kannst Du Dich mit neuer Kraft, mehr Energie, großer Freude und guten Gedanken aufla- den. Hier kannst Du Dich ganz in Ruhe fragen, wie es Dir wirk- lich geht. Oder Dich einfach kurz zurückziehen, wenn es drunter und drüber geht.

Dein Zauberer lädt Dich ein zu malen und zu gestalten, was Du auf der Fantasiereise erlebt hast. Lass Dich von folgenden Fragen inspirieren:

Wie war es für Dich? Was möchtest Du festhalten, an was möchtest Du Dich erinnern? Wie sieht Dein Schutzhäuschen aus? Was ist das Schönste, das Du gezaubert hast? Was ist das Wichtigste für Dich? Was hast Du dort gefühlt? Spüre mal in Dich hinein und mal einfach los!

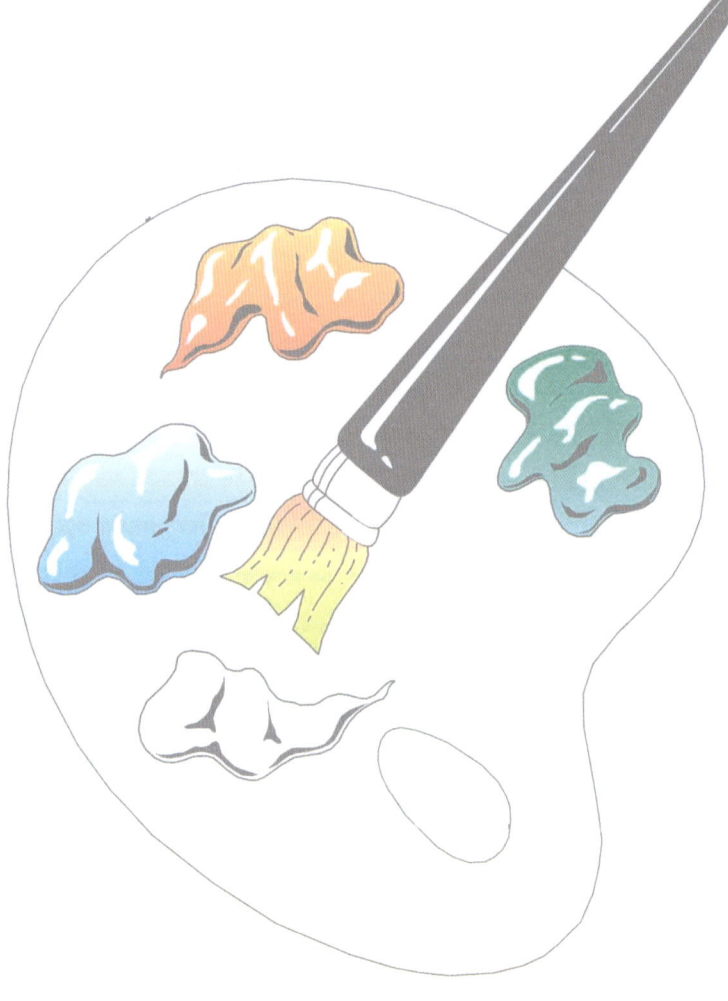

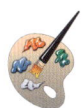

Kapitel 4: WERDE DIR DEINER STÄRKEN BEWUSST

Dein Zauberer fragt: **Gab es schon einmal eine Situation in Deinem Leben, wo Du geglaubt hast, dass Du etwas nicht gut kannst?**

Spür mal in Dich hinein, ruf Dich mal an: Wie fühlt es sich an, wenn Du das denkst?

_____

_____

_____

Ich möchte Dir etwas ganz Wichtiges verraten: Jeder von uns kann etwas gut!

Du kannst so viele Dinge gut!
Und vor allem: Du bist gut!
Genau so, wie Du bist!
Du hast voll viel drauf!

(?) Erinnere Dich an etwas, das Du alleine geschafft hast. Und das gibt es! Da bin ich ganz sicher!

_____

_____

_____

Wobei hüpft Dein Herz vor Freude?

Erinnerst Du Dich an Deinen magischen Kompass? Wir haben uns auf das Gute im Leben konzentriert, auf den grünen Bereich. Lass uns auch jetzt das Gute finden!

(?) Worin bist Du richtig gut? Was kannst Du? Wobei hüpft Dein Herz vor Freude?

_____

_____

_____

Dein Zauberer erzählt: Oft konzentrieren wir uns zu sehr auf das, was wir glauben, nicht zu können! Und das fühlt sich nicht gut an, erinnerst Du Dich?

Natürlich ist es auch gut zu wissen, was Du vielleicht noch nicht so gut kannst. Wenn Du das weißt, kannst Du vielleicht auch gemeinsam mit Deinen Eltern überlegen, was Du davon ändern möchtest und wie Du das mit einem guten Gefühl anpackst.

Deinem Zauberer ist wichtig: **Vergleiche Dich nicht mit anderen Menschen!** Mach Dein Ding. Spüre in Dich hinein, was Dir Spaß macht und wobei Dein Herz vor Freude hüpft!
Weißt Du, ein Fisch kann ganz wunderbar schwimmen! Doch wenn ein Fisch auf einen Baum klettern soll, tut er sich ganz schön schwer, richtig? Das wird er einfach nicht können. Das ist völlig in Ordnung. Dafür kann niemand so gut schwimmen wie er!

Du bist einzigartig!

Dein Zauberer ist ganz aufgeregt: **Jeder Mensch ist einzigartig.** Jedem macht etwas anderes Spaß, jedem fällt etwas anderes leicht. Jeder von uns kann auch Unterschiedliches – und manches auch nicht so gut. Und das ist absolut ok. Konzentriere Dich auf das, was Du gut kannst! Und sei Dir bewusst: Du bist gut. Genau so, wie Du bist. Denn Du bist einzigartig!

Eine Idee von Deinem Zauberer

Gehe mit Deinem Reisebegleiter in der
Natur spazieren. Sucht und findet beide etwas,
was für Euch einzigartig ist! Und: Sucht für
jeden von Euch einen Stein, der Euch gut gefällt.
Nehmt ihn mit. Mehr verrät Dein Zauberer Dir später.

Erinnerst Du Dich noch an Deine innere Welt? Magst Du da mal
kurz hineinspüren? Bitte Deinen Reisebegleiter, Dir die folgenden Worte vorzulesen. Setze oder lege Dich bequem hin und
lausche den Worten.

 Lege Deine Hand auf Dein Herz – und wenn Du magst,
schließe kurz Deine Augen.

Atme tief ein und wieder aus.

Stell Dir vor, wie Du etwas tust, was Du richtig gut kannst.
Sieh Dir in Gedanken dabei zu. Was tust Du? Was siehst
Du? Gibt es ein Geräusch, das Du damit verbindest? Einen
Geruch, den Du dabei in der Nase hast? Kannst Du fühlen,
was Du machst?

Stell Dir vor, Du konzentrierst Dich nur auf Dich.

Wie fühlst Du Dich da? Vielleicht kannst Du in Deinem Körper etwas spüren?

Möglicherweise wird Dir warm? Vielleicht bist Du entspannt oder Dein Herz klopft vor Freude? Vielleicht fühlst Du Dich glücklich? Frei? Fröhlich? Leicht? Oder Du bist stolz auf Dich?

Atme nochmal tief ein und wieder aus und öffne Deine Augen.

Dein Zauberer findet: **Klopf Dir mal auf die Schulter – das hast Du richtig gut gemacht!**

Wie hat es sich für Dich angefühlt, Dich ganz auf Dich zu konzentrieren? Wo im Körper konntest Du vielleicht etwas spüren?

_____

_____

_____

Alles, was Du brauchst,
findest Du in Dir selbst

Dein Zauberer flüstert Dir zu: **Ich verrate Dir etwas: Solltest Du jemals daran zweifeln, etwas gut zu können, denke daran: Alles, was Du dazu brauchst, findest Du in Dir selbst. Die Kraft, Deine Freude und Deine Energie! Dort, wo Du Dich gut fühlst, wo Dein Herz hüpft, da bist Du richtig!**

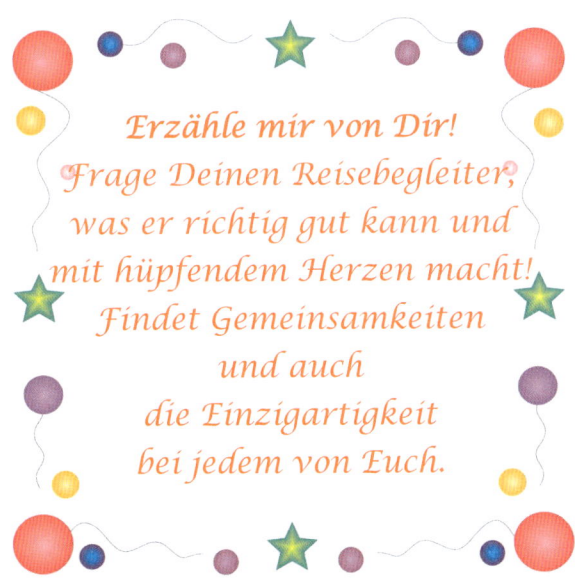

Erzähle mir von Dir!
Frage Deinen Reisebegleiter,
was er richtig gut kann und
mit hüpfendem Herzen macht!
Findet Gemeinsamkeiten
und auch
die Einzigartigkeit
bei jedem von Euch.

Dein Zauberer freut sich: **Und jetzt lade ich Dich wieder zu einer kleinen Fantasiereise ein – und wir machen uns auf die Reise in unsere innere Welt. Du weißt ja nun: Alles, was Du brauchst, findest Du in Dir. Und wenn es Dir in Dir drin gut geht, dann geht es Dir auch in der äußeren Welt gut! Macht es Euch gemütlich, und die Reise beginnt!**

Lieber Reisebegleiter, auf Seite 17 findest Du die Einleitung. Viel Freude bei der Fantasiereise!

Du bist gut, so wie Du bist!

Stell Dir vor, Du bist auf einer traumhaft grünen Wiese und die Sonne scheint. Hier blühen ganz viele bunte Blumen. Riechst Du ihren Duft? Bienen summen und Du kannst die Sonnenstrahlen fühlen, die Dein Gesicht streicheln. Ein Schmetterling fliegt ganz leicht um Dich herum. Du folgst ihm, und er führt Dich einen schönen Weg an der Wiese entlang. Du blickst Dich um. Dort hinten steht Dein bezauberndes kleines Häuschen.
Doch der Schmetterling führt Dich heute den Weg entlang zu einem riesigen, eindrucksvollen Baum.

38

Er spendet Dir Schatten. Unter diesem Baum steht eine gemütliche Bank. Auf der Bank sitzt schon jemand und wartet einladend auf Dich. Du bist neugierig, kommst näher und siehst:

Es ist ein Zauberer, Dein Zauberer! Erkennst Du seine liebevollen, gütigen Augen?
Er lächelt Dich sanft an und sagt mit leiser, warmer Stimme:
„Wie schön, dass Du hier bist. Willkommen zurück!"
Kannst Du seine liebevolle Stimme hören?
Er lädt Dich ein, neben ihm Platz zu nehmen und er spricht weiter:
„Heute möchte ich Dir zeigen, wie einzigartig Du bist. Dazu habe ich meine Freunde eingeladen. Lass Dich überraschen!"

Und schon raschelt es in den grünen Blättern des Baumes und ein glänzend bunter Vogel flattert auf Deine Schulter. Spürst Du, wie leicht er auf Deiner Schulter sitzt?
Der Vogel reibt sein Köpfchen an Deine Wange und Du spürst seine warmen Federn an Deiner Haut.
Er reckt sich und flüstert Dir ins Ohr:
„Du bist gut, so wie Du bist. Denk immer daran!"
Er spannt seine Flügel ganz weit und gleitet in den blauen Himmel.
Dein Herz klopft vor Freude!

Da kommt ein Häschen angehoppelt und springt Dir auf Deinen Schoß!

Es schnüffelt an Deinen Händen. Spürst Du sein weiches Schnäuzchen?

Du beugst Dich zu ihm und streichelst über sein Fell – soooo weich!

Das Häschen flüstert Dir ins Ohr:

„Du kannst viele Dinge sooo gut!" Während es flüstert, kitzeln Dich seine Schnurrhaare am Ohr und Du musst lächeln. Oh ja, das stimmt!

Das Häschen verabschiedet sich und hüpft von Deinem Schoß. Da kommt ein Reh hinter dem Baum auf Dich zu. Es stupst Deine Nase mit seiner Schnauze an und schaut Dich mit großen, schwarzen Augen sanft an.

Es sagt: *„Du bist von Herzen geliebt!"* Du streichelst über das warme, weiche Fell. Kannst Du es spüren, wie Du geliebt wirst? Es fühlt sich ganz warm und weit in Deinem Herzen an. Das Reh verabschiedet sich.

Jetzt hältst Du den Atem an, denn ein Löwe schlendert über die Wiese – direkt auf Euch zu.

Doch er sieht ganz freundlich aus, er hat einen Stein im Maul und reicht ihn Deinem Zauberer. Dann setzt er sich vor Dich und du darfst seine zottelige Mähne kraulen. Das fühlt sich toll an!

Der Löwe legt seine Pfote auf Deine Knie – ganz sanft – und spricht:
„Glaube an Dich. Alles, was Du brauchst, findest Du in Dir!"
Er bleibt sitzen und auch die anderen Tiere kommen zu Dir zurück.
Der Zauberer reicht Dir den Stein, den der Löwe mitgebracht hat. Er spricht:

*„In diesen Stein habe ich Dir all die Sätze gezaubert, die Du gerade gehört und gespürt hast. Sie sind die Wahrheit. Ich gebe Dir den Stein mit, damit Du Dich immer daran erinnerst: Du bist gut, so wie Du bist. Du kannst viele Dinge sooo gut! Du bist von Herzen geliebt! Glaube an Dich. Alles, was Du brauchst, findest Du in Dir.
Jetzt oder wann immer Du den Stein in Deine Hände nimmst, wirst Du Dich daran erinnern, wie einzigartig Du bist."*
Dein Zauberer verbeugt sich vor Dir, winkt Dir zu und verabschiedet sich.

Du fühlst Dich so wohl hier.
Das ist ein ganz gutes Gefühl – voller Freude, Wärme und Liebe.

Du bist glücklich, denn mit Hilfe Deines Zauberers und der Tiere hast Du Dich erinnert, wie einzigartig Du bist. Und ab jetzt benötigst Du nur Deinen Stein, um Dich jederzeit daran zu erinnern, dass **Du gut bist, so wie Du bist. Dass Du viele Dinge sooo gut kannst! Dass Du von Herzen geliebt bist! Dass Du an Dich glaubst. Und Du weißt jetzt: Alles, was Du dazu brauchst, findest Du in Dir selbst.**

Du spürst, es ist nun an der Zeit zurückzukommen. Du verabschiedest Dich von Deiner Bank unter dem eindrucksvollen Baum.

Und nimmst einen tiefen Atemzug. Atme tief ein und aus.
Spüre Deine Finger und bewege sie langsam.
Spüre Deine Arme und Deine Beine.
Strecke und räkele Dich wie eine Katze.
Spanne alle Muskeln des Körpers an und fühle dabei die Freude und Energie in Dir.
Ich zähle gleich langsam rückwärts von 5 bis 0. Bei 0 öffnest Du Deine Augen. Du wirst glücklich und wach sein und Dich angenehm wohlfühlen.
5-4-3-2-1 und 0.

Willkommen zurück!

? Wie geht es Dir jetzt? Wie fühlst Du Dich gerade?

_____

_____

_____

Dein Zauberer erklärt: Vielleicht warst Du bei Eurem Spaziergang schon auf der Suche nach dem Stein, Deinem ganz besonderen Stein? Übrigens: Jeder Naturstein ist genauso einzigartig wie Du!

Wenn Du noch keinen Stein gefunden hast: Nur Mut, Du wirst ihn ab heute aufspüren, wenn Ihr spazieren geht. Achte gut darauf!

 Schreibe auf Deinen Stein gerne Deinen Lieblingssatz von der Fantasiereise!

 Dein Zauberer lädt Dich ein, Dich selbst zu malen. Mit all Deinen Stärken. Was kannst Du richtig gut? Damit Du ganz viele Ideen hast, frage Dich gerne:

- Was kannst Du gut mit Deinem Kopf, Deinen Augen, Ohren, Deinem Mund?
- Was kannst Du gut mit Deinen Händen?

- Was kannst Du gut mit Deinem Herzen?
- Was kannst Du gut mit Deinen Füßen?

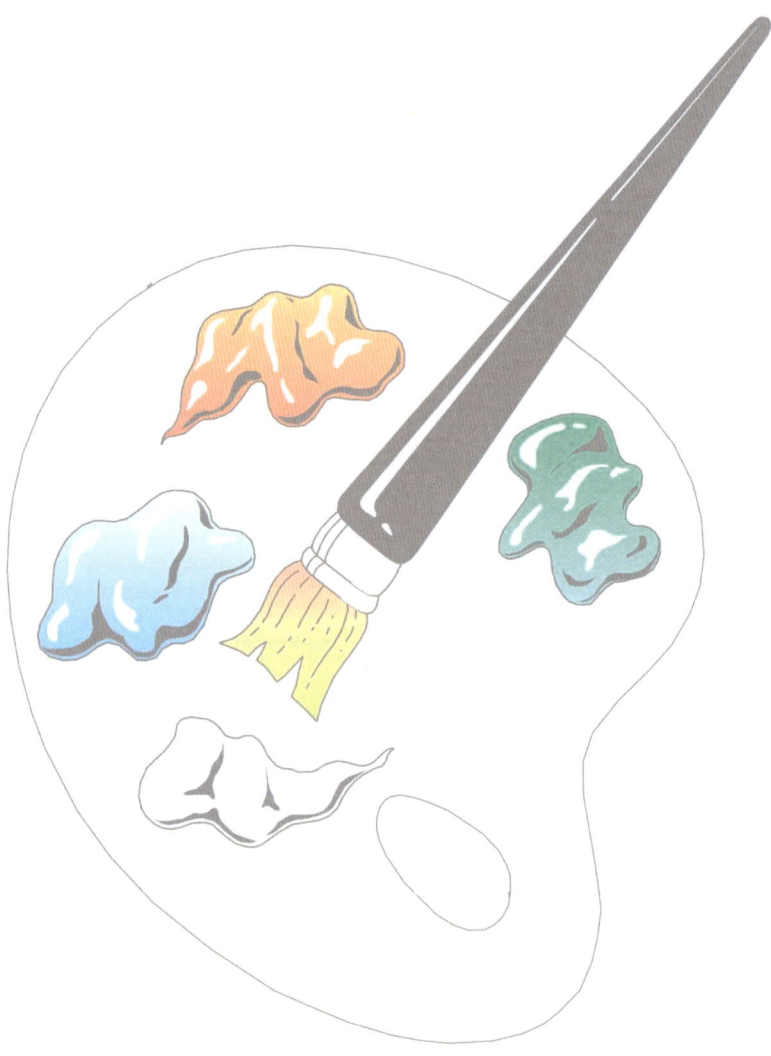

KAPITEL 5: GLAUBE AN DICH SELBST

Dein Zauberer fragt: **Wurdest Du schon einmal von jemandem geärgert oder kritisiert?**

Spür mal in Dich hinein, ruf Dich mal an: Wie hat sich das für Dich angefühlt?

_____

_____

_____

Dein Zauberer erzählt: **Heute verrate ich Dir wieder ein Geheimnis, damit Du Dich immer öfter gut fühlen kannst. Dazu erzähle ich Dir eine Geschichte.**

Die Geschichte von Yari

Yari liebte das Zeichnen. Sein Lieblingsfach war Kunst – und da war er mit voller Leidenschaft und Freude dabei. Eigentlich zeichnete und malte er immer, manchmal kritzelte er sogar im Unterricht. Die Zeit verflog, wenn er zeichnete. Er hatte den Spitznamen „Yari, der Künstler". Nicht alle konnten seine Freude am Malen verstehen.

Sein Lehrer jedoch wusste, dass Yari sich beim Malen gut entspannen konnte, deshalb durfte er in den Pausen malen.

Eines Tages, kurz vor dem Geburtstag seiner Mama, zeichnete Yari ein ganz buntes Bild für sie. Er wollte ihr damit eine Freude bereiten und sich bei ihr bedanken, dass sie für ihn da war, ihn so liebte, wie er ist – und immer ein offenes Ohr für ihn hatte. Yari gab sich so viel Mühe – und es war bisher sein schönstes Bild.

Doch in einer Pause spielte Yari mit seinen Freunden auf dem Schulhof. Als er wiederkam, hing sein Bild an der Tafel. Jeder Mitschüler hatte es betrachtet und nach seiner Meinung beurteilt. Auf dem Bild selbst waren viele Stellen mit Punkten markiert: dort, wo die anderen Kinder einen Fehler auf dem Bild sahen.

Yari war traurig und sein Herz fühlte sich schwer an. Er zweifelte plötzlich daran, dass er gut malen konnte – und daran, dass seine Mama sich über sein Bild überhaupt freuen würde! Der Lehrer jedoch ermutigte Yari, ein neues Bild für seine Mama zu zeichnen. Der Lehrer hatte auch schon eine Idee, was er Yaris Mitschülern dann dazu sagen wollte. So bat er Yari, mutig zu sein und sich überraschen zu lassen.

Also malte Yari noch einmal. All seine Liebe im Herzen floss in dieses Bild und es wurde noch bunter als das erste. Als er sein Kunstwerk beendet hatte, nahm der Lehrer das Bild und hing es selbst an der Tafel auf.

Daneben schrieb er:

Liebe Schüler. Hier stehen Pinsel, Farbe, Stifte. Bedient Euch bitte. Ich ermutige Euch, die Fehler, die ihr auf dem Bild entdeckt, selbst zu verbessern!

Als Yari sein Bild wiedersah, strahlte er vor Freude. Niemand hatte auch nur einen einzigen Fehler gefunden!

Der Lehrer lächelte und sagte:

„Herzlichen Glückwunsch, Yari! Du hast etwas ganz Wichtiges gelernt: Immer wird es Menschen geben, die Deine Werke – oder auch Dich selbst – beurteilen. Dein erstes Bild war voller Punkte, weil viele gerne ihre Meinung sagen und ein Wörtchen mitreden möchten, wenn sie die Gelegenheit dazu haben. Sie tun das leider auch, wenn sie gar keine Ahnung von dem Thema haben!

Dein zweites Bild war völlig ohne Punkte, weil in diesem Fall auch die eigene Geschicklichkeit, das Können und das Mitfühlen der anderen Schüler selbst gefragt war. Toll, dass Du so mutig warst und Dich nochmal getraut hast, damit Du das erleben konntest!"

Yari strahlte. Und seine Mama freute sich riesig über sein Bild!

Deine eigene Meinung ist wichtig!

Deinem Zauberer ist wichtig: **Andere Menschen urteilen oder bewerten oft leichtfertig. Wenn sie selbst in der Haut des anderen stecken würden und wüssten, wie derjenige sich fühlt, dann würden sie selbst auch spüren, was alles dahintersteckt.**

In der Geschichte spürten sie es, als sie selbst malen sollen, statt nur über die Fehler zu sprechen.

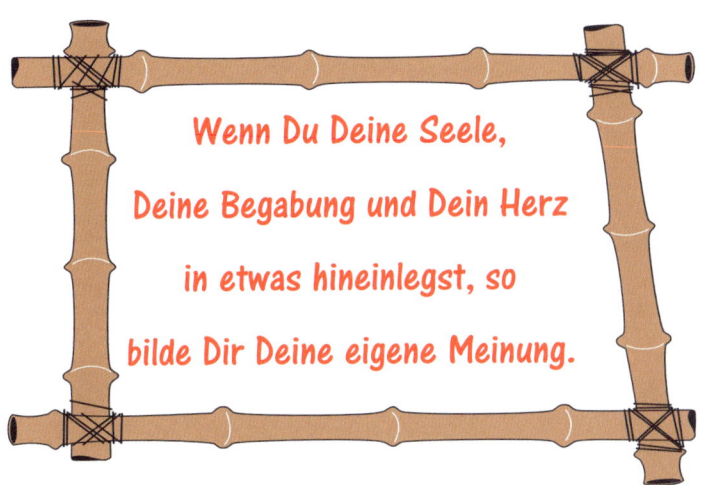

Wenn Du Deine Seele,

Deine Begabung und Dein Herz

in etwas hineinlegst, so

bilde Dir Deine eigene Meinung.

DU gibst dem Werk – dem Bild in der Geschichte, dem Thema, Dir selbst – seinen Wert. Diesen Wert kann Dir kein Mensch und keine andere Meinung der Welt wegnehmen!
Doch erinnere Dich auch daran, wenn Du das Lebenswerk eines anderen Menschen beurteilst!

Dein Zauberer möchte gerne etwas von Dir wissen:

Mit welchem Menschen verbringst Du die meiste Zeit in Deinem Leben?

_____

_____

_____

Dein Zauberer ist ganz aufgeregt: **Weißt Du, es wird Menschen in Deinem Leben geben, die finden das, was Du machst, richtig gut! Es wird auch Menschen geben, die finden das nicht so gut – oder sogar schlecht.**

Es gibt also gute und schlechte Meinungen über Dich.

 Doch ich frage Dich:
Mit wem stehst Du morgens auf?
Mit wem gehst Du abends schlafen?
Mit wem gehst Du sogar täglich aufs stille Örtchen?
Mit Dir selbst!

**Die meiste Zeit verbringst Du tatsächlich mit Dir selbst!
Wenn Du traurig, wütend, verletzt oder enttäuscht bist, wenn Dich jemand ärgert, kritisiert oder seine Meinung sagt, fragst Du Dich bisher bestimmt: Wie denken andere über mich?
Frage Dich ab heute bitte:**

 Wie denke ICH über mich?
Habe ich eine gute Meinung über mich?

Du selbst gibst Dir Deinen Wert!

Dein Zauberer flüstert Dir zu: **Du selbst gibst Dir Deinen Wert! Das, was wir beide zusammen machen: in Deine innere**

Welt reisen, in Dich hineinspüren, zu überlegen, was Du alles sooo gut kannst, zu wissen, dass Du gut bist, so wie Du bist – das hilft alles ganz magisch dabei, dass Du Deinen Wert immer besser kennst!

Erinnerst Du Dich an Deine innere Welt? Magst Du gemeinsam mit mir wieder mal kurz hineinspüren? Bitte Deinen Reisebegleiter, Dir die folgenden Worte vorzulesen. Setze oder lege Dich bequem hin und lausche den Worten.

 Lege Deine Hand auf Dein Herz – und wenn Du magst, schließe kurz Deine Augen.

Atme tief ein und wieder aus.

Du weißt ja, dass alle Gefühle sein dürfen. Höre in Dich hinein und überlege: Wo in Deinem Körper wohnen denn Deine Gefühle? Erspüre es!

Wo ist denn Deine Freude zuhause? Wo spürst Du Deine Freude in Deinem Körper am meisten? Spüre mal hin.

Wo wohnt denn Deine Traurigkeit? Wenn Du traurig bist, wo in Deinem Körper kannst Du das am meisten spüren?

Und jetzt denk mal an Deine Lieblingsfarbe, die, die Dir am allerbesten gefällt. Dann gib Deine Lieblingsfarbe auf die Stelle, wo Deine Traurigkeit zuhause ist.

So kannst Du es Dir mit der Traurigkeit ein bisschen leichter machen. Wenn Dir das gut tut, dann stell Dir vor, Deine Lieblingsfarbe wird leuchtender und heller und noch leuchtender und noch heller! Und jetzt flutet Deine Lieblingsfarbe Deinen ganzen Körper. Vielleicht kribbelt es ganz angenehm? Kannst Du es spüren?

Nun höre noch einmal in Dich hinein. Wie fühlst Du Dich jetzt?

Atme nochmal tief ein und wieder aus und öffne Deine Augen.

Dein Zauberer findet: Klopf Dir mal auf die Schulter, das hast Du richtig gut gemacht!

Wie hat es sich für Dich angefühlt, dass Deine Lieblingsfarbe die Traurigkeit getröstet hat?

_____

_____

_____

(?) Hast Du spüren können, wo in Deinem Körper Deine Freude
– und vielleicht auch Deine Traurigkeit – zuhause sind?

_____

_____

_____

Dein Zauberer ist begeistert: Das Zauberhafte ist, dass Dein
Körper mit Dir spricht.
So kannst Du Deine Gefühle noch besser spüren, wenn Du weißt,
wo sie im Körper wohnen – und sich Dir auch auf diesem Weg
zeigen. So weißt Du ganz schnell, wie es Dir geht und was Du
gerade brauchst! Die kleine Übung kannst Du natürlich auch mit
anderen Gefühlen machen.

Dein Zauberer schmunzelt: Ich zum Beispiel bin manchmal
ganz aufgeregt, wenn ich etwas zaubere. Dann klopft mein Herz
ganz laut und vor lauter Aufregung ist mein Bäuchlein angespannt. Meine Aufregung wohnt im Bauch. Doch das ist bei jedem Menschen anders.

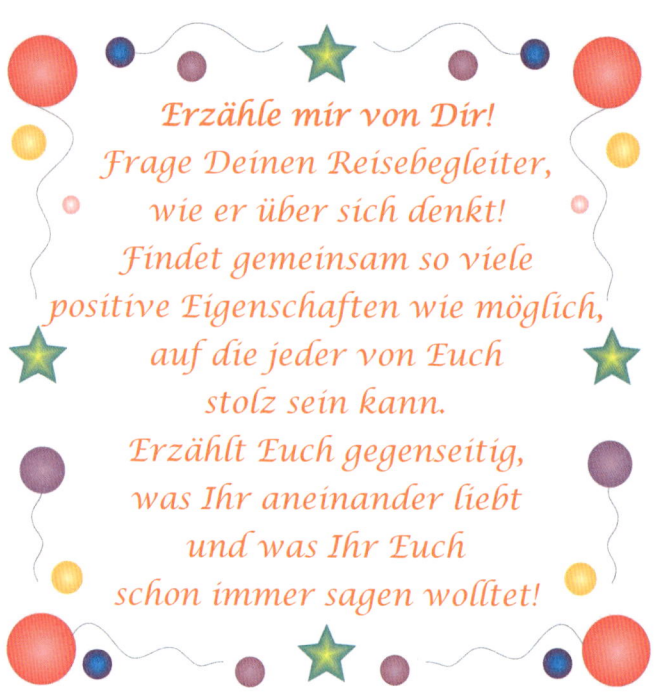

Erzähle mir von Dir!
Frage Deinen Reisebegleiter,
wie er über sich denkt!
Findet gemeinsam so viele
positive Eigenschaften wie möglich,
auf die jeder von Euch
stolz sein kann.
Erzählt Euch gegenseitig,
was Ihr aneinander liebt
und was Ihr Euch
schon immer sagen wolltet!

Dein Zauberer freut sich: **Und jetzt lade ich Dich wieder zu einer kleinen Fantasiereise ein – und wir machen uns auf die Reise in unsere innere Welt. Du weißt ja jetzt schon: Alles, was Du brauchst, findest Du in Dir. Und wenn es Dir in Dir drin gut geht, dann geht es Dir auch in der äußeren Welt gut! Macht es Euch bequem, und die Reise beginnt!**

Lieber Reisebegleiter, auf Seite 17 findest Du die Einleitung. Viel Freude bei der Fantasiereise!

Du bist wertvoll!

Stell Dir vor, Du bist auf einer wunderschönen grünen Wiese.
Die Vögel zwitschern. Kannst Du das
Zwitschern hören? Der Himmel ist strahlend
Blau. Hier und da schwebt ein kleines weißen Wölkchen und Du kannst die Sonnenstrahlen fühlen, die
Dein Gesicht streicheln.
Ein Schmetterling fliegt ganz leicht um Dich herum. Du folgst ihm. Er führt Dich heute einen Weg
mit kleinen Kieselsteinen auf einen kleinen Hügel
hinauf.
Du gehst langsam und kommst immer höher auf
den Hügel hinauf. Gleich hast Du die Spitze erreicht. Und jetzt kannst Du sehen, was dort oben
auf dem Hügel ist. Dort stehen und liegen – bunt
gemischt – ganz viele unterschiedlich große Steine.
Jeder ist so einzigartig und so besonders wie Du.
Und auf einem dieser Steine sitzt jemand und winkt
Dir einladend zu.

Es ist ein Zauberer, Dein Zauberer! Erkennst Du
seine liebevollen, gütigen Augen?
Er lächelt Dich sanft an und sagt mit leiser, warmer Stimme:
„Wie schön, dass Du hier bist! Willkommen zurück!"

Kannst Du seine liebevolle Stimme hören?
Er lädt Dich ein, neben ihm Platz zu nehmen und
er spricht weiter:
„Heute möchte ich Dir zeigen, wie wertvoll Du bist.
Dazu habe ich Dich auf diesen Hügel eingeladen.
Sieh Dich erst einmal in Ruhe um.
Du siehst, gaaanz weit dort unten ist Deine Wiese,
dort steht Dein kleines Häuschen. Doch nun kannst
Du noch viel weiter sehen. Ganz hinten am Hori-
zont siehst Du das Meer und auf der anderen Seite
des Hügels ragen riesige Berge in den Himmel hinein. Auf dem höchsten Berg liegt sogar Schnee, der
in der Sonne glitzert."

Dein Zauberer holt tief Luft und spricht weiter:
„Kannst Du Dir vorstellen, liebes Kind, was ich als
Dein Zauberer alles kann? Ich kann Dir die Sonne zaubern, den Mond, die Sterne. Ich kann Dir die
Wiese in einen Strand und ein gaaanz weites Meer
verwandeln, jedes Sandkorn in eine Blume und diesen Hügel in den höchsten Berg, den Du Dir vorstellen kannst.
Ich kann eine Maus in einen Elefanten verzaubern
und umgekehrt natürlich auch." Er schmunzelt. Ich
kann gute Gefühle in einen Stein zaubern, dass Du
Dich immer an sie erinnerst – und noch sooo viel
mehr. Aber weißt Du, was der größte und wertvollste Zauber von allem ist?

Der größte Zauber ist das Leben selbst und dass DU geboren wurdest! Denn Du bist ein ganz wichtiger Teil des größten Zaubers, DU bist ein so wertvoller Teil des Lebens auf dieser Erde. Du bist verwandt mit allen Wesen, die hier leben und jemals gelebt haben. Du bist etwas ganz Großes – denn Du bist ein Teil aller Menschen, aller Tiere, ja sogar aller Pflanzen, Steine, ... ja sogar ein Teil von der Sonne, dem Mond und den Sternen. Kannst Du Dir das vorstellen?"

Plötzlich ist es ganz still, als würde die ganze Welt den Atem anhalten. Du kannst im Moment gar nichts sagen, aber Dein Herz klopft vor Freude und wird ganz weit. Du hast ein bisschen das Gefühl, als würdest Du fliegen. Und Du spürst, dass Dein Zauberer recht hat.
DU bist ein wertvoller Teil dieses Zaubers!

Dein Zauberer lächelt Dich an: „Denke immer an dieses Gefühl und erinnere Dich daran, dass es ein echtes Wunder und ein Zauber ist, dass es DICH gibt. Jetzt weißt Du, wie wertvoll Du wirklich bist.

Jeden Morgen, wenn Du aufwachst, denke daran: Du bist wertvoll! Jeden Abend, bevor Du einschläfst, erinnere Dich: Du bist ein Wunder!

Und wenn Du ab heute spürst, wie die Sonne Dich wärmt, wenn Du eine Wolke am Himmel siehst, wenn Dich der Wind streichelt, wenn ein Regentropfen auf Deine Nase platscht oder Du einen Stern am Himmel leuchten siehst, dann wirst Du Dich daran erinnern, wie wertvoll Du bist."

Dein Zauberer steht auf. Er verbeugt sich vor Dir, winkt Dir zu und verabschiedet sich.

Du fühlst Dich so wohl hier. Du spürst die Sonne auf Deiner Haut und blinzelst ihr zu.
Das ist ein ganz besonderes Gefühl - voller Wärme, Leichtigkeit und Liebe.

Du bist glücklich, denn mit Hilfe Deines Zauberers hast Du Dich daran erinnert, wie wertvoll Du bist. Und ab jetzt denkst Du immer daran, wenn Du die Sonne, einen Regentropfen oder einen Windhauch spürst, eine Wolke oder einen Stern siehst, dass Du ein Wunder bist, der größte Zauber, das Leben selbst. Du weißt, dass Du ein wichtiger Teil dieser Welt bist - wie alle Menschen, alle Tiere, die Pflanzen, alles Leben hier. Und trotzdem bist Du einzigartig. Und genau deshalb bist Du so wertvoll.

Und Du spürst, es ist nun an der Zeit zurückzukommen.

Du verabschiedest Dich von dem Hügel mit der grandiosen Aussicht.

Du nimmst einen tiefen Atemzug. Atme tief ein und aus.
Spüre Deine Finger und bewege sie langsam.
Spüre Deine Arme und deine Beine.
Strecke und räkele Dich wie eine Katze.
Spanne alle Muskeln des Körpers an und fühle dabei die Freude und Energie in Dir.
Ich zähle gleich langsam rückwärts von 5 bis 0.
Bei 0 öffnest Du die Augen. Du wirst glücklich und wach sein und Dich leicht und voller Freude fühlen.
5-4-3-2-1 und 0.

Willkommen zurück!

Wie fühlst Du Dich gerade? Wo steht die Nadel auf Deinem magischen Kompass?

_____

_____

_____

Dein Zauberer erklärt: Jetzt weißt Du, dass Du etwas ganz besonders Wertvolles bist. DU bist der Mensch, mit dem Du die meiste Zeit verbringst! Die Meinung von anderen Menschen, die Dich nicht gut kennen, ist oft nicht richtig. Deshalb ist ihre Meinung auch nicht wichtig für Dich. Denn was Du fühlst, wie es Dir geht, das weiß nur DU!

Dein Zauberer lädt Dich ein zu malen und zu gestalten, was Du auf der Fantasiereise erlebt hast. Lass Dich von folgenden Fragen inspirieren:

Mit wem fühlst Du Dich verbunden – also im Herzen ganz nahe? Wer oder was ist für Dich ganz wertvoll? Das können Menschen genauso wie Tiere und die Natur sein – oder was Du liebend gerne machst!

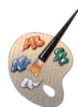

Kapitel 6: ENTDECKE DEINE KOSTBARE ENERGIE

Dein Zauberer fragt: **Warst Du schon einmal so richtig unzufrieden oder genervt?**

Spür mal in Dich hinein, ruf Dich mal an: Wo war da Deine magische Kompassnadel – im roten oder im grünen Bereich?

_____

_____

_____

Dein Zauberer bittet Dich: **Damit Du Dich heute so richtig gut fühlst, habe ich eine Bitte an Dich:**

Denke jetzt mal nicht an einen rosa Elefanten!

Er schmunzelt. – Uuuund?! Klappt das? Oder hast Du in Deiner Fantasie jetzt den berühmten rosa Elefanten gesehen?

Worauf richtest Du Deine Aufmerksamkeit?

Wenn Du den Elefanten gesehen hast: Weißt Du auch, warum? Weil Deine Aufmerksamkeit auf ihn gerichtet war, ganz unbe-

wusst! So schnell geht das! Schwups! Schon ist er da! Das ist wie zaubern!

Dein Zauberer erzählt: **Lass uns nochmal zaubern! Stell Dir eine frische, gelbe, ganz saure Zitrone vor. Du hältst sie in der Hand. Spürst Du ihre leicht unebene Schale? Deine Mama schneidet sie jetzt auf und Du darfst den frisch ausgepressten Zitronensaft trinken. Du schüttelst Dich erst einmal, denn der Saft schmeckt so sauer! Dann musst Du lachen, denn sauer macht ja lustig, stimmts?**

Was passiert jetzt in Deinem Körper? Läuft Dir vielleicht auch das Wasser im Mund zusammen? Das passiert alleine durch Deine Gedanken, weil Du gerade an eine saure Zitrone denkst!

Deinem Zauberer ist wichtig: **Fragst Du Dich jetzt, wie ich von der Unzufriedenheit und dem Genervtsein zum rosa Elefanten oder der gelben sauren Zitrone komme?**
Dann verrate ich Dir jetzt etwas ganz Wichtiges:

Wir alle können
auch im richtigen
Leben zaubern!

Dein Zauberer ist ganz aufgeregt: Ja, wirklich! Die Dinge, auf die Du Dich konzentrierst, zauberst Du Dir auch ins Leben! Die bestärkst Du!

Wenn Du Dich auf die Dinge konzentrierst, die nicht so gut oder nicht so schön sind, wenn Du Dir Sorgen und Gedanken machst über Probleme oder Dinge, die Du nicht hast oder besitzt, oder wenn Du zu sehr auf andere Meinungen hörst, die Dich verletzen, dann zaubern wir uns solche schlechten Dinge unbewusst immer größer und wir werden immer mehr davon wahrnehmen und um uns sehen.

Vielleicht kennst Du das auch? Du wolltest einen ganz bestimmten Füller oder eine tolle Schultasche – zum Beispiel in rot – und plötzlich, weil Du Dich ganz viel mit diesem Füller oder der Schultasche beschäftigst, siehst Du sie auf einmal überall!

Ist Dir und Deinem Reisebegleiter das schon mal passiert? Tauscht Euch darüber aus und findet Beispiele.

_____

_____

_____

Dein Zauberer ist ganz in seinem Element: **Weil wir alle zaubern können, sollten wir sehr gut darauf achten, was wir zaubern – und auf welche Dinge oder Meinungen wir uns konzentrieren! – Auf was haben wir uns bisher konzentriert? Genau! Auf das Gute im Leben!**

Und jetzt verstehst Du bestimmt noch viel besser, warum es so wichtig ist, auf das Gute zu achten: Wir alle können zaubern!

Konzentriere Dich auf das Gute!

Dein Zauberer flüstert Dir zu: **Soll ich Dir jetzt das Geheimnis verraten, wie Du etwas Gutes zaubern kannst?**

Wenn Du
ganz aufmerksam bist
und ganz bewusst
danach suchst,
findest Du überall
auch gute Dinge!

Auch wenn es manchmal gar nicht einfach scheint, probiere es trotzdem! Fange mit klitzekleinen Dingen an, die vielleicht sonst ganz selbstverständlich sind. Lass uns mal sammeln!

Was ist gerade alles gut bei Dir? Was fällt Dir alles dazu ein?

_____

_____

_____

Eine Idee von Deinem Zauberer

Gestaltet jeder Eure persönliche Schatzkiste!
Ganz egal, ob es ein Schuhkarton oder eine Teever-
packung ist – lasst Eurer Fantasie freien Lauf und
verziert diese Kisten zu etwas ganz Besonderem.

Der Inhalt ist genauso kostbar: Sammelt darin kleine Erinnerungs-
stücke vom gemeinsamen Spaziergang, Fotos und liebevolle Botschaften. Schreibt kleine Zettel, auf denen steht, was jeder von
Euch von Herzen schätzt oder liebt.

Wenn wir unzufrieden oder genervt sind, fällt uns manchmal gar
nichts ein. Sollte Deine magische Kompassnadel mal rot zeigen,
öffne Deine Schatzkiste und erinnere Dich an die guten Dinge!

Übrigens: Jeder Mensch schätzt andere Dinge. Was also Dein Reisebegleiter gerne mag, ist vielleicht etwas ganz anderes, als Du toll findest. Und das ist völlig in Ordnung!

Dein Zauberer fragt: **Erinnerst Du Dich noch an Deine innere Welt? Magst Du da mal kurz hineinspüren? Bitte Deinen Reisebegleiter, Dir die folgenden Worte vorzulesen. Setze oder lege Dich bequem hin und lausche den Worten.**

 Lege Deine Hand auf Dein Herz – und wenn Du magst, schließe kurz Deine Augen.

Atme tief ein und wieder aus.

Stell Dir eine Situation vor, in der Du unzufrieden oder genervt warst, weil etwas anders passierte, als Du es Dir gewünscht hast.

Vielleicht kannst Du in Deinem Körper etwas spüren? Möglicherweise wird Dir warm oder kalt? Fühlst Du Dich entspannt oder angespannt?

Welches Gefühl fühlst Du in Dir? Ist Deine magische Kompassnadel im grünen oder im roten Bereich?

Atme nochmal tief ein und wieder aus und öffne Deine Augen.

? Wie hast Du Dich gefühlt? Wo war Deine magische Kompassnadel?

_____

_____

_____

Wenn sich das gerade nicht gut angefühlt hat und Deine magische Kompassnadel im roten Bereich war:

Dein Zauberer lädt Dich ein: Stell Dich mal hin und schüttle das Gefühl mit Deinem ganzen Körper ab, damit Deine magische Kompassnadel in den grünen Bereich kommt! Schüttle Deine Arme, Deine Beine, Deinen gesamten Körper!

Wenn Du Dich wieder einmal so fühlst, hilft das Schütteln wieder! Dein Zauberer schmunzelt: Das geht übrigens auch mit Musik!

Es ist völlig in Ordnung, wenn Du traurig, wütend oder ängstlich bist. Das darf sein! Sprich mit einem Menschen darüber, dem Du vertraust. Das ist ganz wichtig, wenn Deine magische Kompassnadel länger im roten Bereich ist! Wenn Du erzählst, wie Du Dich fühlst, hilfst Du Deinem Gefühl dabei, sich wieder zu wandeln, damit Du Dich wieder gut fühlen kannst!

Und jetzt lass uns nochmal in Deine innere Welt spüren:

 Lege Deine Hand auf Dein Herz – und wenn Du magst, schließe kurz Deine Augen.

Atme tief ein und wieder aus.

Stell Dir vor, Du bist aufmerksam und Du findest etwas, was gerade gut ist bei Dir. Du konzentrierst Dich darauf. Nichts anderes ist gerade wichtig.

Wie fühlst Du Dich da? Vielleicht kannst Du in Deinem Körper etwas spüren?

Möglicherweise wird Dir warm oder kalt. Welches Gefühl kannst Du in Dir fühlen? Ist Deine magische Kompassnadel im grünen oder im roten Bereich?

Atme nochmal tief ein und wieder aus und öffne Deine Augen.

 Wie fühlst Du Dich gerade? Hast Du einen Unterschied gespürt?

_____

_____

_____

Dein Zauberer findet: **Klopf Dir mal auf die Schulter, denn das hast Du richtig gut gemacht! Erinnerst Du Dich an die letzten Male, als Du bei Dir selbst angerufen hast? Gerade hast Du wieder in Dich hineingehört und gespürt, wie es Dir in einer bestimmten Situation geht.**

Das, was Du da fühlen kannst, wenn Du Dich gut fühlst, ist das Gefühl der Dankbarkeit. Dankbarkeit kann ganz viel Gutes in Dein Leben zaubern! Es sorgt für eine gute Stimmung und ist auf der grünen Seite vom magischen Kompass zuhause!

Dein Zauberer freut sich: **Jetzt lade ich Dich wieder zu einer kleinen Fantasiereise ein – und wir machen uns auf die Reise in unsere innere Welt. Du weißt ja jetzt schon: Alles, was Du brauchst, findest Du in Dir. Und wenn es Dir in Dir drin gut geht, dann geht es Dir auch in der äußeren Welt gut! Macht es Euch gemütlich, und die Reise beginnt!**

Lieber Reisebegleiter, auf Seite 17 findest Du die Einleitung. Viel Freude bei der Fantasiereise!

Dein Zauberer-Herz

Stell Dir vor, Du bist auf einer wunderschönen, grünen Wiese.
Hier blühen ganz viele bunte Blumen.
Riechst Du ihren Duft? Der Himmel ist
strahlend blau und Du kannst die Sonnenstrahlen
fühlen, die Dein Gesicht streicheln.
Ein Schmetterling fliegt ganz leicht um Dich herum. Du folgst ihm, und er führt Dich einen von
Blumen gesäumten Weg an der Wiese entlang. Du
lauschst, denn Du hörst etwas. Es wird laut und
immer lauter. Und jetzt siehst Du:
einen tosenden, mächtigen Wasserfall! Kannst Du
die kleinen Tröpfchen auf Deinen Wangen spüren?
Dieser Wasserfall sprüht mit all seinen kleinen
Wasserperlen ganz viele bunte Regenbogen in die
Luft.
Der Schmetterling führt Dich über eine Brücke und
plötzlich stehst Du hinter dem Wasserfall. Du bist
an einem geschützten Platz, der voller Farben
schimmert. Und hier ist es – ganz anders als vor
dem Wasserfall – ganz leise. Du siehst Dich um und
bist von all den Farben ganz überwältigt! Da siehst
Du auf einem großen, bunten Kissen jemanden sitzen. Er winkt Dir einladend zu.

Du bist neugierig, trittst näher und siehst: Es ist ein Zauberer, Dein Zauberer! Erkennst Du seine liebevollen, gütigen Augen? Er lächelt Dich sanft an und sagt mit leiser, warmer Stimme:

„Wie schön, dass Du hier bist! Willkommen zurück!" Kannst Du seine liebevolle Stimme hören?

Er lädt Dich ein, gegenüber von ihm Platz zu nehmen und zeigt auf ein kuscheliges Kissen, während er spricht:

„Heute möchte ich Dir wieder etwas mitgeben. Es ist nichts, was Du sehen oder anfassen kannst, aber es ist ganz kostbar!

Schließe in Gedanken Deine Augen, denn es gibt nichts zu sehen, aber ganz viel zu fühlen.

Und nun nimm bitte Deine Hände vor Dir zusammen und forme sie wie eine Schale. In dieser Schale sammeln wir jetzt ganz viele gute Dinge.

Denke bitte mal an alle Menschen, die Dich lieben. Denk daran, wie schön das ist, wenn Du Dich geliebt fühlst. Denk an das Gefühl. Vielleicht hast Du dazu ja auch Bilder im Kopf? Denk an Momente, in denen Du das ganz bewusst und so richtig gespürt hast. Erinnere Dich und sammle all diese Momente und Erinnerungen mit dem Gefühl der Liebe. Sammle alle Eindrücke wie Lichtstrahlen und gebe sie in Deine Schale."

Dein Zauberer spricht weiter: „Und jetzt denke an alle Menschen, die Du lieb hast. Denk auch an Dein Haustier, wenn Du eines hast. Denke an all die Dinge, die Du liebst. Vielleicht machst Du gerne Sport, vielleicht malst Du gerne, spielst oder hörst Musik. Erinnere Dich an Dein Gefühl. Denk an all Deine schönen Erlebnisse mit allen Menschen und Tieren, die Du liebst. Sammle all diese Erlebnisse und Gefühle in Deinen Händen, in deiner Schale – wie Lichtstrahlen. In Deiner Schale fließen die Lichtstrahlen zusammen mit allen anderen Erinnerungen, Gefühlen, guten Gedanken und bilden eine Kugel.

Und diese Kugel leuchtet!

Jetzt denk an all die Dinge, die Du soooo gut kannst, die Dir richtig viel Spaß machen, auf die Du stolz bist. Und es ist einzigartig, wie Du sie tust. Die guten Gedanken, Gefühle und Erinnerungen an diese Dinge, die fließen nun wie Lichtstrahlen in Deine Schale hinein. Und von da fließen sie mit in die Kugel hinein!

Und die Kugel wird größer und leuchtender.

Vielleicht leuchtet Deine Kugel gelb? Oder orange?
Vielleicht rot? Oder sogar grün oder blau oder pink?
Oder violett?

Das kannst nur DU sehen. Deine Kugel leuchtet
und ist voll purer, guter Energie.
Wenn sich das gut anfühlt, zauberst Du das Leuchten größer und stärker.
Diese Kugel aus guter Energie, dieser leuchtende
Ball, das ist **Dein Zauberer-Herz**.
Erinnerst Du Dich? Du kannst zaubern!
Und jetzt nimm dieses Zauberer-Herz in Deinen
Gedanken mit beiden Händen und schiebe es in
Deine Brust hinein, in Deinen Körper, in Dein
Herz!
Und dort leuchtet es weiter.
Spürst Du, wie es leuchtet? In Deiner Farbe! Vielleicht spürst Du, wie warm es Dir ums Herz ist?
Oder fühlst Du ein Kribbeln? Spürst Du die reine,
gute Energie?"

Und Dein Zauberer erzählt:
„In diese Kugel hast Du Dir alle Erinnerungen, Gefühle und guten Gedanken gezaubert, die Du gerade
gesehen und gespürt hast. Achte gut auf sie! Und
immer, wenn Du in einer Situation bist, wo Du
Dich unzufrieden, genervt oder nicht gut fühlst,
dann spüre Dein Zauberer-Herz. Das ist da und es

zaubert Dir gute Gedanken. Du musst es nur aktivieren! Du kannst dazu den linken Zeigefinger und
den linken Daumen zusammendrücken. Mach das
kurz. So erinnerst Du Dich daran, dass es ganz viel
Gutes in Deinem Leben gibt. Und wenn nötig,
kannst Du mit dem Drücken des Zeigefingers auf
den Daumen dieses Leuchten noch größer und noch
stärker machen! Daran erinnerst Du Dich ab heute
immer.
Du bist geliebt und in guten Gedanken durch dein
Zauberer-Herz."
Dein Zauberer verbeugt sich vor Dir, winkt Dir zu
und verabschiedet sich.

Du fühlst Dich so wohl hier hinter dem Wasserfall.
Das ist ein ganz besonders gutes Gefühl – voller
Wärme und Liebe.
Du bist glücklich, denn mit Hilfe des Zauberers und
Deines Zauberer-Herzens weißt Du jetzt, wie Du
jederzeit Deine guten Gefühle und Dein Leuchten
aktivieren kannst. Und ab jetzt benötigst Du nur
Deinen linken Zeigefinger und Deinen linken Dau-
men, um dieses Gefühl zu aktivieren.

Du spürst, es ist nun an der Zeit zurückzukommen.
Du verabschiedest Dich von dem Raum hinter dem
Wasserfall.

Und nimmst einen tiefen Atemzug. Atme tief ein und aus.

Spüre Deine Finger und bewege sie langsam.

Spüre Deine Arme und Deine Beine.

Strecke und räkele Dich wie eine Katze.

Spanne alle Muskeln des Körpers an und fühle dabei die Freude und Energie in Dir.

Ich zähle gleich langsam rückwärts von 5 bis 0. Bei 0 öffnest Du Deine Augen. Du wirst glücklich und wach sein und Dich angenehm wohl fühlen.

5-4-3-2-1 und 0.

Willkommen zurück!

Wie geht es Dir jetzt? Was hat Dir heute besonders gut gefallen?

_____

_____

_____

Dein Zauberer erklärt: **Jetzt weißt Du, dass Du selbst zaubern kannst. Du hast jetzt Dein Zauberer-Herz aktiviert, mit dem Du jederzeit gute Gedanken – und damit auch gute Gefühle – zaubern kannst!**

Dein Zauberer lädt Dich ein zu malen und zu gestalten, was Du auf der Fantasiereise erlebt hast. Lass Dich von folgenden Fragen und Ideen inspirieren:

Für welche Dinge bist Du von Herzen dankbar? Was macht Dir gute Gedanken und gute Gefühle? Du kannst auch Deine leuchtende Kugel malen – in Deiner Farbe – und Dein Zauberer-Herz.

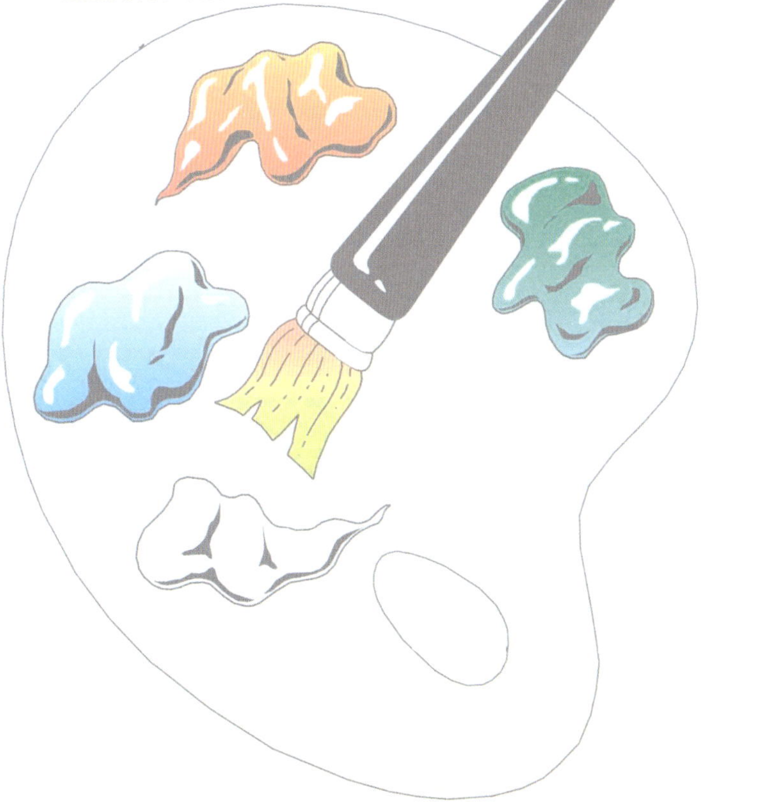

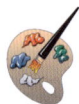

Kapitel 7: VERTRAUE DIR SELBST – TRAU DICH!

Dein Zauberer fragt: **Hattest Du in Deinem Leben schon mal Angst?**

Was war das für eine Situation? Spür mal in Dich hinein, ruf Dich mal an: Wo war da Deine magische Kompassnadel – im grünen oder im roten Bereich?

_____

_____

_____

Dein Zauberer erzählt: **Du weißt ja jetzt, dass jedes Gefühl erlaubt ist. Angst zu haben, ist völlig in Ordnung! Es kann sogar sehr wichtig sein, denn durch dieses Gefühl kannst Du selbst gut auf Dich aufpassen. Das Gefühl der Angst beschützt Dich davor, Dich möglicherweise in Gefahr zu bringen – zum Beispiel bei einer Mutprobe. Was für eine tolle Erfindung Deines Körpers! Du kannst sie Dir wie ein eingebautes Alarmsystem vorstellen. Vor welchen Dingen jeder von uns Angst hat, kann total unterschiedlich sein.**

Große Angst kann Dich vor Gefahr schützen!

Deinem Zauberer ist wichtig: **Was kannst Du tun, wenn Du Angst fühlst? Ein guter Weg ist auf jeden Fall, mit den Menschen, denen du vertraust, darüber zu sprechen.**

Es gibt aber noch ein Gefühl, das manche Menschen nicht von der Angst unterscheiden können: Es ist die kleine Schwester der Angst: Es ist die Unsicherheit.

Sie ist meistens da, wenn Du zum Beispiel „Angst" vor der nächsten Matheaufgabe hast, das erste Mal im Tor stehst oder zum ersten Mal auf einer Bühne singst!

Das passiert also meist, wenn Du etwas Neues ausprobierst. Dann ist das normalerweise keine Angst, sondern Unsicherheit. Du hast eine Sache noch nicht gemacht und bist einfach aufgeregt. Und weißt Du was? Damit bist Du nicht alleine. Das spürt fast jeder Mensch – genauso wie Du!

Kennst Du dieses Gefühl der Unsicherheit? In welcher Situation kam es bei Dir schon einmal vor?

_____

_____

_____

Dein Zauberer erklärt: **Weißt Du, wie Du beide Gefühle gut voneinander unterscheiden kannst?**

Um zu wissen, ob Du auf Deine Angst hören darfst oder ob die Unsicherheit Dir einen Streich spielt, ist es ganz wichtig, dass Du immer wieder Deine innere Welt besuchst. So kennst Du Dich mehr und mehr mit Deinen Gefühlen aus und wirst Dir sicherer, wie sich jedes Gefühl anfühlt und wo es zuhause ist. Wie klasse, dass Du das schon machst! Ich bin so stolz auf Dich!

Höre auf Deine Gefühle!

Frage Dich:
Wo in meinem Körper ist das Gefühl zuhause?
Wenn es eine Farbe hätte:
In welcher Farbe leuchtet es?

Je öfter Du in Deine innere Welt reist
und Dir solche Fragen stellst,
umso einfacher wirst Du
in besonderen Situationen wissen:

„Du bist es, liebe Angst.
Ich weiß, Du möchtest mich schützen!"
oder
„Hallo, liebe Unsicherheit!
Danke, dass Du mich erinnerst:
Ich trau mich!"

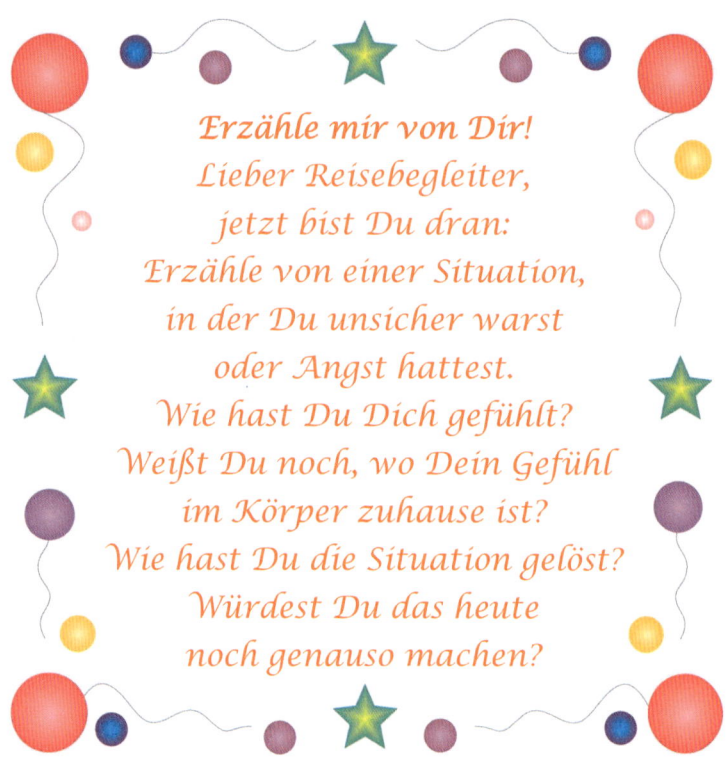

Erzähle mir von Dir!
Lieber Reisebegleiter,
jetzt bist Du dran:
Erzähle von einer Situation,
in der Du unsicher warst
oder Angst hattest.
Wie hast Du Dich gefühlt?
Weißt Du noch, wo Dein Gefühl
im Körper zuhause ist?
Wie hast Du die Situation gelöst?
Würdest Du das heute
noch genauso machen?

Dein Zauberer ist ganz aufgeregt: Wenn Menschen zu Dir sagen: „Wenn Du Angst hast, musst Du sie überwinden!", dann meinen sie stattdessen: „Überwinde Deine Unsicherheit!"
Sie kennen den Unterschied der beiden Gefühle nicht. Wie gut, dass Du das jetzt weißt! Höre auf Dein Gefühl. Die Angst zeigt Dir: Vorsicht! Ich möchte Dich schützen.
Deine Unsicherheit jedoch, die kannst Du überwinden!

Große Unsicherheit zeigt Dir eine tolle Wachstumschance!

Dein Zauberer ist ganz in seinem Element: Große Angst schützt Dich möglicherweise vor einer Gefahr. Große Unsicherheit zeigt Dir eine große Wachstumschance: die Chance, dass Du Dich etwas Neues traust, eine neue Erfahrung machst und dadurch ein bisschen mutiger wirst! Das fühlt sich richtig gut an, wenn Du es geschafft hast und Dich getraut hast!
Erinnerst Du Dich? Auf was konzentrieren wir uns am allerliebsten? Genau: auf das Gute, auf den grünen Bereich Deiner magischen Kompassnadel!

Was war Dein schönstes Erlebnis, als Du Dich getraut hast, etwas Neues das erste Mal auszuprobieren? Wie hat sich das angefühlt? Tausche Dich gerne auch mit Deinem Reisebegleiter aus – bestimmt habt Ihr Euch viel zu erzählen!

_____

_____

_____

Dein Zauberer ermutigt Dich: Lass uns Deine innere Welt besuchen. Magst Du da mal kurz hineinspüren? Dein Reisebegleiter liest Dir wieder ganz in Ruhe vor, sobald Du einen ruhigen Platz gefunden hast.

 Lege Deine Hand auf Dein Herz – und wenn Du magst, schließe kurz Deine Augen.

Atme tief ein und wieder aus.

Stell Dir eine Situation vor, bei der Du noch unsicher bist. Etwas, was Du gerne machen möchtest, probieren möchtest und Dich bisher noch nicht getraut hast.

Jetzt stell Dir vor, Du hättest es bereits geschafft! Stell Dir vor, wie alle anderen Dir zusehen. Hör mal, wie alle für Dich klatschen! Fühle mal, wie sich das für Dich anfühlt in diesem Moment!

Wie fühlt sich das in Deinem Körper an? Vielleicht wird Dir kalt oder warm? Möglicherweise spürst Du ein Kribbeln oder Prickeln? Vielleicht auch Freude? Oder wird Dir ganz leicht ums Herz?

Wenn es sich gut anfühlt: Mach das Gefühl mal stärker! Schau Dir noch deutlicher an, wie die anderen Kinder vor Freude lachen, dass Du es geschafft hast! Höre, wie alle jubeln. Wie fühlt sich das für Dich an?

Nur mal angenommen, es würde wirklich so passieren: Wie würdest Du Dich dann fühlen?

Wo wäre Deine Kompassnadel?

Atme nochmal tief ein und wieder aus und öffne Deine Augen.

Wie hat sich das angefühlt? Hast Du jetzt Lust darauf, Dich das zu trauen?

_____

_____

_____

Dein Zauberer findet: Klopf Dir mal auf die Schulter, denn das hast Du richtig gut gemacht! Wenn sich das gerade gut angefühlt hat und Deine magische Kompassnadel im grünen Bereich war: Freu Dich darauf, das zu machen, was Du gerade schon gesehen und gefühlt hast!

Dein Zauberer freut sich: Und jetzt lade ich Dich wieder zu einer kleinen Fantasiereise ein – und wir machen uns auf die Reise in unsere innere Welt. Du weißt ja jetzt schon: Alles, was Du brauchst, findest Du in Dir. Und wenn es Dir in Dir drin gut geht, dann geht es Dir auch in der äußeren Welt gut! Sucht Euch einen ruhigen Platz und die Reise kann beginnen!

Lieber Reisebegleiter, auf Seite 17 findest Du die Einleitung. Viel Freude bei der Fantasiereise!

Die Wunschfeder

Stell Dir vor, Du bist auf einer wunderschönen, grünen Wiese. Die Sonne scheint. Du siehst ganz viele bunte Blumen. Und sooo viele Vögel zwitschern fröhlich. Kannst Du das Zwitschern hören? Der Himmel ist strahlend blau und Du kannst die Sonnenstrahlen fühlen, die Dein Gesicht streicheln.
Ein Schmetterling fliegt ganz leicht um Dich herum. Du folgst ihm.

Der Schmetterling führt Dich heute einen moosbewachsenen Weg entlang, mitten in einen märchenhaften Wald. Kannst Du spüren, wie weich der Waldboden unter Deinen Füßen ist? Er federt sogar ganz leicht. Der Schmetterling führt Dich den Weg entlang zum mächtigsten Laubbaum von allen. Er ist viele Jahrhunderte alt. Du schaust hinauf und die Sonne scheint durch die Blätter auf Dich. Ganz oben in der Krone des Baums sitzt schon jemand und wartet einladend auf Dich. Du bist neugierig, trittst näher und überlegst: Wie kommst Du wohl auf diesen Baum?

Die Blätter rascheln und eine Strickleiter kommt von oben herunter. Genau vor Dir schwingt sie nun einladend hin und her. Die Blätter rauschen. Trau Dich! Du kletterst aufgeregt und freudig die Strickleiter hinauf, immer höher.
Oben angekommen, blickst Du Dich um und erkennst auf einem starken, dicken Ast eine Gestalt: Es ist ein Zauberer, Dein Zauberer! Erkennst Du seine liebevollen, gütigen Augen?
Er lächelt Dich sanft an und sagt mit leiser, warmer Stimme:
„Wie schön, dass Du hier bist! Willkommen zurück!"
Kannst Du seine liebevolle Stimme hören?
Er lädt Dich ein, neben ihm Platz zu nehmen. Seine Füße baumeln übermütig in der Luft, während er spricht:
„Heute möchte ich Dir zeigen, wie Du Dich traust – und Dir vertraust.
Dazu habe ich heute einen guten Freund eingeladen. Lass Dich überraschen!
Streck mal Deinen linken Arm aus!"

Schon raschelt es in den grünen Blättern des Baumes und ein entzückender Vogel landet auf Deinem Arm. Spürst Du, wie leicht er ist? Es ist der schönste Vogel, den Du je gesehen hast. Du streichelst über seine warmen, dichten Federn. Er freut sich darüber und drückt sich an Dich. Der Vogel hat etwas in seinem Schnabel. Er reckt sein Köpfchen, um dem Zauberer zwei Federn in seine Hand zu legen, die er wohlbehütet für Dich aufbewahrt hat.

Dein Zauberer spricht: „Weißt Du, Federn sind etwas ganz Besonderes. Sie sind so leicht, wie Dein Herz leicht sein sollte. Sie ermöglichen Vögeln das Fliegen und sie schützen auch vor Wasser und Kälte. So können Vögel fliegen und sind dabei beschützt. Doch nicht nur die Vögel sind das, sondern auch Deine guten Gedanken, Deine Ideen, Deine Wünsche, Deine Gebete, Deine Vorhaben und Deine Fantasie. Lass es mich Dir zeigen."

Der entzückende Vogel neigt sein Köpfchen, verabschiedet sich von Dir und fliegt zurück in den blauen Himmel.
Du bist aufgeregt! Was Dir wohl Dein Zauberer zeigen möchte?

Er sagt: „Wähle eine der Federn für Dich aus. Mit ihr darfst Du Dir jetzt etwas für Dich wünschen –

oder um etwas für Dich bitten. Erinnere Dich an
vorhin, als Du Deine innere Welt besucht hast. Spür
mal in Deinen Körper hinein, so wie vorhin. Vielleicht ist da, wenn du an Deinen Wunsch, an Dein
Vorhaben denkst, ein Prickeln, eine Freude. Oder
wird Dir warm?
Wenn Du das stark spürst, dann puste bitte dreimal
auf die Feder in Deiner Hand. Denn mit jedem Mal
Pusten überträgst Du Deinen Wunsch, Deine Bitte,
Dein Vorhaben auf die Feder.
Wenn Du Deinen Wunsch auf die Feder übertragen
hast, dann lass die Feder mit dem vierten Pusten
frei. Siehst Du, wie sie mit Deinem Wunsch ganz
leicht davontanzt, wie sie weit hinaus in die Welt
fliegt?

Weißt Du, was Dein Herz auch leicht macht? Wenn
Du an andere Menschen denkst. Denn jetzt darfst
Du an jemanden denken, den Du ganz lieb hast und
dem Du etwas ganz Gutes wünschen oder für den
Du um etwas Schönes bitten möchtest.
Dein Zauberer reicht Dir die zweite Feder und Du
nimmst sie in Deine Hand.

Und genau wie gerade für Dich selbst, spüre in Dir
Deine Freude, vielleicht ein Kribbeln. Wenn Du das
stark spürst, dann puste wieder dreimal auf die Feder in Deiner Hand. Mit jedem Pusten wird Dein

Wunsch für diesen Menschen stärker und überträgt sich auf die Feder.
Dann öffne wieder Deine Hände und puste mit dem vierten Mal den Wunsch mit der Feder in die Welt hinaus. Siehst Du ihn fliegen?

Dein Zauberer spricht:
„In diese Federn hast Du nun Deine Wünsche gezaubert, die Du gerade gespürt hast. Sie werden sich erfüllen. Wenn Du eine Feder findest, dann erinnere Dich immer daran: Wenn Du Dir unsicher bist, fühle in Dich hinein. Wenn es wirklich etwas ist, was Du Dich noch nicht traust oder wobei Du Dir nicht sicher bist, dann vertraue Dir selbst und trau Dich. Erinnere Dich an Dein Gefühl, wenn Du es geschafft hast! So kommst Du ins Vertrauen zu Dir. Denn alles, was Du brauchst, findest Du in Dir.

Jetzt oder wann immer Du eine Feder findest, ist wieder ein Wunsch in Erfüllung gegangen. Jemand hat sich getraut!
Dann wirst Du Dich daran erinnern, wie großartig es sich anfühlt, wenn Du Dich traust und Dir vertraust."
Dein Zauberer verbeugt sich vor Dir, winkt Dir zu und verabschiedet sich.

Du fühlst Dich so wohl hier auf dem Baum. Das ist
ein ganz herrliches Gefühl – voller Freude, Leichtigkeit und Vertrauen.

Du bist glücklich, denn mit Hilfe des Zauberers und
der Federn hast Du Dich erinnert, dass Du Dir
vertrauen – und Dich trauen darfst, wenn Du unsicher bist. Ab jetzt benötigst Du nur eine Feder, um
Dich jederzeit daran zu erinnern: **Du darfst Dir
selbst vertrauen. Du kannst Dir wünschen, Dir
vorstellen und Du kannst fühlen, wie Du es schon
geschafft hast! Du glaubst an Dich, denn Du weißt
ja: Alles, was Du dazu brauchst, findest Du in Dir
selbst.**

Du spürst, es ist nun an der Zeit zurückzukommen.
Du verabschiedest Dich von Deinem mächtigen
Baum.

Du nimmst einen tiefen Atemzug.
Atme tief ein und aus.
Spüre Deine Finger und bewege sie langsam.
Spüre Deine Arme und deine Beine.
Strecke und räkele Dich wie eine Katze.
Spanne alle Muskeln des Körpers an und fühle da-
bei die Freude und Energie in Dir.
Ich zähle gleich langsam rückwärts von 5 bis 0. Bei
0 öffnest Du die Augen. Du wirst glücklich und

wach sein und Dich angenehm und im Vertrauen fühlen.

5-4-3-2-1 und 0.

Willkommen zurück!

Wie war diese Reise für Dich? Wie hast Du Dich gefühlt? Magst Du erzählen, was Dich besonders gefreut oder berührt hat?

Dein Zauberer erklärt: Jetzt weißt Du, dass Du Dir selbst vertrauen kannst, wenn Du fühlst, dass Du unsicher bist. Erinnere Dich an das Gefühl, wenn Du es geschafft hast!

Dein Zauberer lädt Dich ein zu malen und zu gestalten, was Du auf der Fantasiereise erlebt hast. Lass Dich von folgenden Ideen und Fragen inspirieren:

Male Dich in der Situation, in der Du Dich trauen möchtest! Jetzt bist Du mutig und traust Dich! Male Dich so, wie Du es geschafft hast! Was tust Du? Wie siehst Du aus? Wie fühlst Du Dich? Wo in Deinem Körper ist der Mut zuhause, und wo das Vertrauen in Dich?

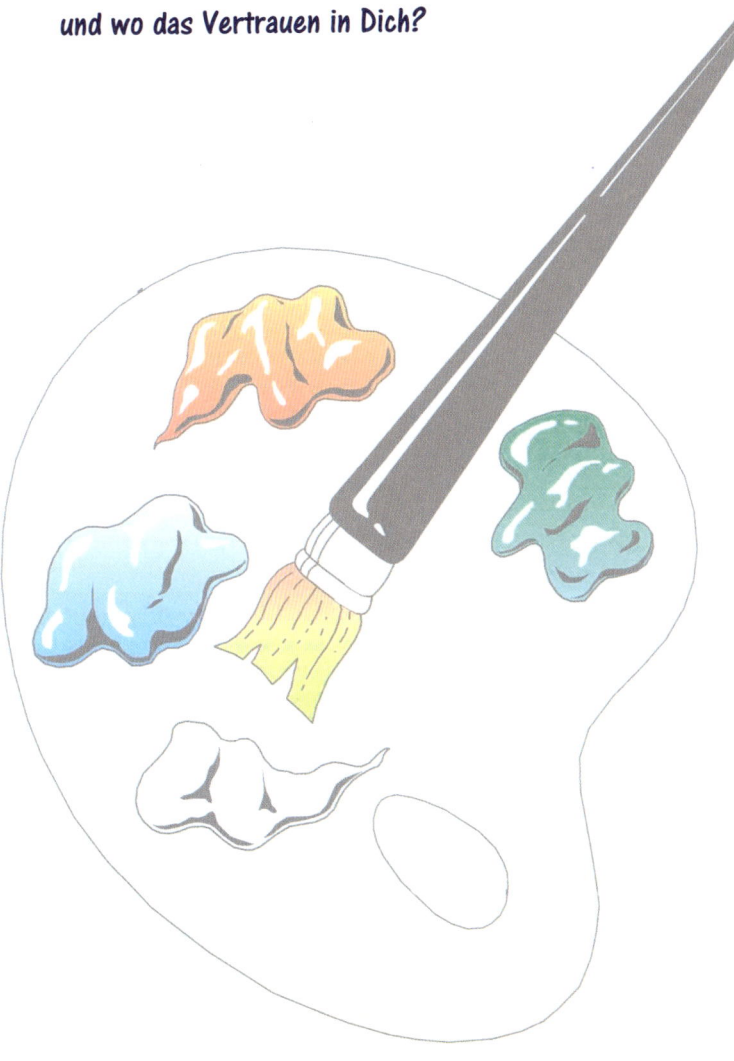

Kapitel 8: DIE MACHT DEINER GEDANKEN

Dein Zauberer fragt: **Läuft in Deinem Kopf auch manchmal ein Film von einer Situation ab, die noch gar nicht stattgefunden hat? Malst Du Dir auch in Gedanken ganz viel aus, obwohl Du noch gar nicht wissen kannst, wie es wirklich sein wird?**

Erinnerst Du Dich an so eine Situation? Spür mal in Dich hinein, ruf Dich mal an: Wo war da Deine magische Kompassnadel – im grünen oder im roten Bereich?

_____

_____

_____

Dein Zauberer erzählt: **Heute verrate ich Dir wieder ein Geheimnis, damit Du Dich immer öfter gut fühlen kannst. Heute geht es um Dein Kopfkino. Ich erzähle Dir dazu eine Geschichte.**

Cordelia und ihr Kopfkino –
der rote Bereich der magischen Kompassnadel

Cordelia wacht eines Morgens auf. Die Sonne scheint an diesem Frühlingstag bereits ins Fenster und die Vögel zwitschern vergnügt. Cordelia freut sich, als sie die Wärme der Sonne

auf ihren Wangen spürt. Ihre Gedanken wandern. Zack! Mit einem Mal ist sie schlagartig wach!

Heute ist der Tag, an dem Cordelia ihr erstes Referat in der Schule halten soll! Normalerweise macht ihr die Schule Spaß. Auch das Thema des Referats gefällt ihr. Doch Cordelia hat eine leise Stimme und denkt von sich, dass sie gar nicht richtig vor ihrer Klasse sprechen kann. Ihr wird heiß und sie ist so unsicher. Was ist, wenn sie anfängt zu stottern? Oder wenn sie nicht mehr weiß, was sie als nächstes sagen will?

So denkt sie also: „Ich kann das nicht!" In ihrem Kopf beginnt ein Film zu laufen. Cordelia steht im Badezimmer, doch statt sich zu kämmen, sieht sie sich bereits im Klassenzimmer. Alle Augen sind auf sie gerichtet! In ihrem Kopfkino hat keiner von ihren Klassenkameraden Lust auf ihre leise Stimme und auf ihr Thema! Sie hören ihr gar nicht zu und machen einfach etwas anderes! Manche lachen sogar! Plötzlich fühlt sie sich schlecht. Die magische Kompassnadel von Cordelia rutscht direkt in den roten Bereich. Sie schwitzt und ihr Herz klopft ganz laut. Damit nicht genug! Sie bekommt Bauchschmerzen und fühlt sich gar nicht wohl. Ihre Unsicherheit wird immer größer.

Dein Zauberer möchte von Dir wissen: **Was denkst Du: Wie wird Cordelia handeln, wenn sie in der Schule tatsächlich vor der Klasse steht und ihr Referat halten wird?**

Dein Zauberer erklärt: **Cordelia wird so handeln, wie sie sich gerade fühlt! Verunsichert und schüchtern. Denn der Film in ihrem Kopf läuft weiter. Sie fragt sich, was wohl die anderen von** ihr denken. Vielleicht „Die kann doch gar nichts!", „Die ist ja voll schüchtern."

Kannst Du Dir vorstellen, was dann passiert?

Eigentlich hat sich Cordelias Klasse auf ihr Referat gefreut. Doch sie steht vor der Klasse, sieht niemanden an, flüstert leise – und ihre Klassenkameraden wundern sich. Sie ist doch sonst nicht so. Vielleicht wird es doch langweilig!

Cordelia traut sich nicht, bleibt unsicher und handelt so, wie sie es in ihrem Kopfkino gesehen hat. So macht Cordelia eine Erfahrung! Das, was sie tatsächlich erlebt hat – ihre Klasse hört ihr daraufhin wirklich nicht zu –, zeigt ihr: Wusste ich es doch, ich kann das nicht! Und die haben alle keine Lust auf mich und hören mir nicht zu!

Deinem Zauberer ist wichtig: Soll ich Dir etwas verraten? Cordelias Klassenkameraden finden sie super! Eigentlich freuen sie sich auf ihr Referat, denn sie wissen, dass Cordelia sich gut informiert hat und es bestimmt spannend wird.

Cordelias Gefühl kommt ja nicht von den Klassenkameraden! Es kommt aus ihr selbst, aus ihren Gedanken, ihrem Kopfkino – und aus dem Herz. Durch dieses Kopfkino fühlt sie sich schlecht. Sie könnte ihr Referat ganz klasse halten, würde sie sich selbst nicht so einen Quatsch erzählen!

Du selbst kannst den Film in Deinem Kopf steuern!

Wenn Cordelia sich trauen würde, sich selbst vertrauen würde und mutig wäre (Erinnerst Du Dich an das letzte Kapitel?), würde sie über sich selbst anders denken! Doch wie könnte das gehen?

Cordelia und ihr Kopfkino – das glückliche Ende

Cordelia erinnert sich an ihren Zauberer! Sie hat eine Idee: Sie könnte ihre innere Welt besuchen. Sie setzt sich in Ruhe in ihr Zimmer, atmet tief ein und aus. Sie stellt sich vor, wie sie das Referat hält, spürt, wie sie sich fühlt, wenn sie es geschafft hat und die Schüler klatschen und sich mit ihr freuen. Und weil sie weiß, dass sie leise spricht, wenn sie unsicher ist, stellt sie sich jetzt vor, wie ihre Lieblingsfarbe ihre Stimme stärkt. Das fühlt sich gut an, deshalb macht sie die Farbe immer leuchtender und damit ihre Stimme immer lauter. Sie lächelt und steht auf.

Beim Frühstück sieht sie ihren neuen Kinofilm im Kopf: Alle Augen im Klassenzimmer sind auf sie gerichtet! Und wie sicher sie spricht! Ihre Klassenkameraden hören interessiert zu – und die Lehrerin nickt ihr anerkennend zu.

Plötzlich fühlt sie sich gut. Die magische Kompassnadel von Cordelia schwingt direkt in den grünen Bereich. Sie fühlt, wie ihre Brust weit wird vor Freude! Energie pulsiert in ihr! Sie fühlt sich wohl und sicher – und ihre Unsicherheit wird im-

mer kleiner. *Jetzt ist sie bereit für ihr Referat und freut sich sogar ein bisschen darauf!*

Dein Zauberer freut sich: Ich verrate Dir: Cordelia hat ihr Referat super geschafft und sich so gefreut! Sie hat eine neue Erfahrung gemacht, sie hat sich getraut und an sich selbst geglaubt. Cordelia ist glücklich! Und wenn Du denkst, das kann nur Cordelia, dann sage ich Dir heute: Das Kopfkino hat jeder Mensch auf dieser Welt! Und jeder dreht seinen eigenen Film.

Wie sieht Dein positiver Kinofilm im Kopf aus?

Dein Zauberer ist ganz aufgeregt: Mein geheimer Kraftsatz dazu lautet:

Ich bin nicht perfekt,
und das ist gut so!
Ich gebe mein Bestes.
Ich mag mich!

Dieser Satz kann Dir helfen, Dein Kopfkino in eine positive Richtung zu steuern, damit Du Dir ganz viel Gutes ins Leben holen kannst!

Dein Zauberer fragt: **Erinnerst Du Dich noch an Deine innere Welt? Magst Du da mal kurz hineinspüren? Bitte Deinen Reisebegleiter, Dir die folgenden Worte vorzulesen. Setze oder lege Dich bequem hin und lausche den Worten.**

 Lege Deine Hand auf Dein Herz – und wenn Du magst, schließe kurz Deine Augen.

Atme tief ein und wieder aus.

Stell Dir eine Situation vor, bei der Du schon einmal unsicher warst und Dich noch nicht so getraut hast.

Jetzt stell Dir vor, Du gehst an den Anfang dieser Situation. Du siehst und fühlst sie noch einmal. Und jetzt sagst Du leise zu Dir selbst: „Ich bin nicht perfekt, und das ist gut so. Ich gebe mein Bestes, und ich mag mich!"

Wie fühlst Du Dich dabei? Was spürst Du in Deinem Körper? Vielleicht wird Dir kalt oder warm? Spürst Du möglicherweise ein Kribbeln? Spürst Du, ob der Druck weicht? Vielleicht wird Dir ganz leicht ums Herz?

Wenn sich das gut anfühlt, dann mach das Gefühl stärker.

Erlebe nun diese Situation nochmal neu: mit Dir, wenn Du Dich traust. Denn Du weißt, dass Du Dein Bestes gibst. Du spürst, dass Du Dich magst. Du musst nicht perfekt sein. Du bist gut! Genau so, wie Du bist!

Kannst Du jetzt ein neues Gefühl in Dir fühlen? Möglicherweise ist Deine magische Kompassnadel auf grün und Du handelst viel sicherer, denn Du traust Dich und Du magst Dich.

Guck mal hin: Wie fühlst Du Dich? Sind die Menschen um Dich ganz erstaunt und bewundern Dich dafür? Dann hast Du gerade eine neue Erfahrung gemacht und bist der Regisseur Deines Kopfkinos!

Atme nochmal tief ein und wieder aus und öffne Deine Augen.

Konntest Du einen neuen Film in Deinem Kopf drehen? Wie sah denn der neue Film aus? Und wo steht Deine magische Kompassnadel gerade?

_____

_____

_____

Dein Zauberer findet: Klopf Dir mal auf die Schulter, denn das hast Du richtig gut gemacht! Erinnerst Du Dich an die letzten

Male, als Du bei Dir selbst angerufen hast? Gerade hast Du wieder in Dich hineingehört und Dein Kopfkino zum Guten verändert. Du hast also wieder ein bisschen gezaubert!

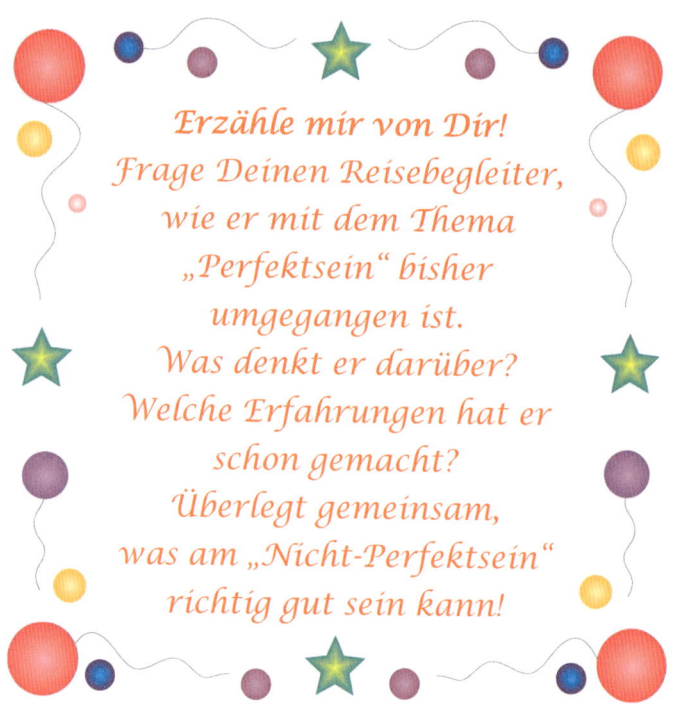

Erzähle mir von Dir!
Frage Deinen Reisebegleiter,
wie er mit dem Thema
„Perfektsein" bisher
umgegangen ist.
Was denkt er darüber?
Welche Erfahrungen hat er
schon gemacht?
Überlegt gemeinsam,
was am „Nicht-Perfektsein"
richtig gut sein kann!

Dein Zauberer freut sich: **Jetzt lade ich Dich wieder zu einer kleinen Fantasiereise ein – und wir machen uns auf die Reise in unsere innere Welt. Du weißt ja jetzt: Alles, was Du brauchst, findest Du in Dir. Und wenn es Dir in Dir drin gut geht, dann geht es Dir auch in der äußeren Welt gut! Macht es Euch bequem, und die Reise beginnt!**

ⓘ Lieber Reisebegleiter, auf Seite 17 findest Du die Einleitung. Eine gute Reise!

Ich bin nicht perfekt, und das ist gut so.

Stell Dir vor, Du bist auf einer wunderschönen, grünen Wiese. Es ist Sommer, herrlich warm und die Sonne scheint. Du siehst ganz viele bunte Blumen und hübsche bunte Schmetterlinge tanzen fröhlich über der Wiese. Kannst Du sehen, wie sie miteinander tanzen? Der Himmel ist strahlend blau und Du kannst die Sonnenstrahlen fühlen, die Dein Gesicht streicheln. Ein Schmetterling fliegt ganz leicht um Dich herum. Du folgst ihm.

Der Schmetterling führt Dich heute einen Weg an der Wiese entlang, an dem faszinierende Käfer krabbeln. Neben dem Weg plätschert ein Bach munter vor sich hin. Kannst Du das Plätschern hören? Der Schmetterling führt Dich am Bach entlang an einen einmalig klaren und ruhigen See. Er liegt so wunderbar beschützt. Hinten, in der Ferne umrandet der Zauberwald den See. Rechts ragen sonnen-

beschienene Berge auf und links siehst Du das Bäch-
lein und die weite Wiese. Die Sonne scheint und das
Ufer des Sees fällt sanft ab. Du tauchst mit einer
Zehe in das Wasser ein. Es ist erfrischend, genau so,
wie Du es liebst! Du schaust auf den See und die
Sonne glitzert an seiner Oberfläche. Mitten in diesem Glitzern im seichten Wasser des Sees, da
plantscht schon jemand und wartet einladend auf
Dich. Du bist neugierig, trittst näher und überlegst,
ob Du Dich ins Wasser traust.

Jemand reicht Dir die Hand und Du siehst: Es ist
ein Zauberer, Dein Zauberer! Erkennst Du seine lie-
bevollen, gütigen Augen?
Er lächelt Dich sanft an und sagt mit leiser, warmer Stimme:
„Wie schön, dass Du hier bist! Willkommen zurück!“
Kannst Du seine liebevolle Stimme hören?
Er zückt seinen Zauberstab. Schwups! Schon bist Du
in Deinen Badesachen. Er führt Dich in das klare,
herrlich angenehme Wasser des Sees und spricht:
„Heute möchte ich Dir zeigen, wie Du Dein Kopfkino veränderst und in Deine innere Ruhe kommst.
Dazu möchte ich Dir den See der Gefühle zeigen.
Du kannst einfach in den See hineingehen, denn er
beschützt Dich und zeigt Dir den Weg. Du kannst
herumplantschen, schwimmen, Dich hineinlegen
und treiben lassen. Du kannst tun, was Du gerne

möchtest! Und das Besondere ist: Du kannst dem
See all Deine nicht so guten Gedanken übergeben –
und die Gefühle, die diese Gedanken machen. Er
wandelt diese Gedanken und Gefühle um."

Vielleicht hast Du einen Druck im Bauch, auf der
Brust oder auf dem Herzen? Während Du plantscht
und schwimmst, nimmt Dir dieser See diesen
Druck. Lass ihn einfach los und in das Wasser fließen. Und Du tust, was Dir Freude macht. Du genießt das saubere, reinigende Wasser des Sees auf
Deiner Haut. Dein Zauberer schaut Dir lächelnd
zu.

Die Zeit vergeht und Du schwimmst, plantscht,
lässt los und hast viel Freude in Deinem See. Jetzt
ruft Dein Zauberer Dich zu sich. Er sagt zu Dir:
„Der See der Gefühle ist ganz kostbar und hat Dir
gerade alle Last, allen Druck und alle schlechten
Gedanken genommen. Wenn in Deinem Kopf ganz
viele Gedanken herumwirbeln, dann sieht das so
aus." Er lässt seinen Zauberstab kreisen wie die vielen Gedanken in Deinem Kopf und auf dem See bil-
det sich ein Strudel, der sich immer schneller im
Kreis dreht.
Dein Zauberer fragt Dich: „Kannst Du nun auf den
Grund des Sees sehen?" Du versuchst es, doch es
schwimmt alles Mögliche in dem Strudel; der Grund

ist aufgewirbelt. Es vermischen sich Sand, Kiesel-steine, Schlamm, Fische, glitzerndes Sonnenlicht. Du kannst nichts sehen und schüttelst mit dem Kopf. Du bist gespannt, was Dein Zauberer Dir wohl zei-gen möchte?

Er sagt: „Eines ist ganz wichtig, liebes Kind: Du brauchst nicht zu denken, dass Du perfekt sein musst. Daran gehen viele Erwachsene kaputt oder werden krank. Du musst also nicht perfekt sein. Ich bin auch nicht perfekt!" Er schmunzelt. „Wenn Du wüsstest, was ich manchmal zaubere, obwohl ich was ganz anderes zaubern wollte… Aber zurück zu Dir: Manche Kinder quengeln: ‚Wäääh, das ist mir zu schwierig!' Du aber stehst auf und kämpfst ein-fach. Denn so lange Du Dein Bestes gibst, kriegst Du es hin. Probiere es einfach. Sage Dir: ‚Ich gebe mein Bestes und ich mag mich!' Denn selbst, wenn Dich andere nicht mögen: Wichtig ist, dass DU Dich magst! Denn sollte jemand sagen: ‚Das war aber doof!' und Du Dich trotzdem magst, fühlst Du Dich immer noch gut. Und DAS ist wichtig! Jetzt hör gut zu: Gut fühlen kommt nicht von ande-ren Menschen. Gut fühlen kommt von Dir selbst. Von Deinem Kopfkino. Und aus Deinem Herzen."

Der Zauberer übergibt Dir seinen Zauberstab und bittet Dich, Deine Augen zu schließen. Er sagt: „Du kennst ja den Zaubervers schon. Nun sprich ihn lei-se für Dich zu Deinem Herz: **Ich bin nicht perfekt,** und das ist gut so. Ich gebe mein Bestes, und ich mag mich.

Während Du diesen Zaubersatz sprichst, zauberst Du den ‚Gedanken-See' in Deinem Kopf wieder ruhig und klar."

Dein Zauberer erklärt: „Schau, das hast Du mit diesem Satz geschafft!" Wenn der See ganz still und es in Deinem Kopf ruhig ist und keine schlechten Gedanken mehr in Deinem Kopf umherschwirren, dann kannst Du Dich selbst und Deine Kraft am besten sehen, spüren und in Dich hineinhören. Dieser Zaubervers ist wie ein Versprechen an Deinen besten Freund – an Dich. Und ein Versprechen hältst Du, richtig?"

Und Dein Zauberer spricht:
„All Dein nicht so gutes Kopfkino, alles, was Dir Druck macht und Dich belastest, hast Du jetzt diesem Wasser übergeben. Und wenn Du wieder einmal den Wunsch hast, dass Dein Gedankenkarussell ruhig werden soll und Du etwas loslassen möchtest, dann erinnere Dich immer daran: **Lass es einfach los und ins Wasser fließen! So wird Dein Gedankenkarussell** wieder ruhig und Du spürst Deine Kraft.

So oft Du möchtest, sprich leise in Dein Herz: Ich bin nicht perfekt, und das ist gut so. Ich gebe mein Bestes, und ich mag mich.

Dann wirst Du Dich daran erinnern, wie großartig es sich anfühlt, wenn Du Deine Kraft spürst und Dir vertraust."

Dein Zauberer verbeugt sich vor Dir, winkt Dir zu und verabschiedet sich.

Du fühlst Dich so wohl hier in dem See. Das ist ein ganz fantastisches Gefühl – voller Ruhe, Leichtigkeit und Liebe.

Du bist glücklich, denn mit Hilfe Deines Zauberers und dem See hast Du Dich erinnert, dass DU Dein Kopfkino verändern kannst – und die Ruhe und Kraft in Dir spürst. Du selbst magst Dich, weil Du weißt, dass Du Dein Bestes gibst. Und wenn Du Wasser auf Deiner Haut spürst, erinnerst Du Dich ab jetzt daran immer, dass Du Dich selbst magst, weil Du der wichtigste Mensch in Deinem Leben bist – und Du Dein Bestes gibst. Du hast die Kraft zu zaubern. Diese Kraft ist am stärksten, wenn es in Dir ruhig ist und Dein Gedankenkarussell eine Pause macht. Du weißt ab sofort: Ich bin nicht perfekt, und das ist gut so. Ich gebe mein Bestes, und ich mag mich!

Du spürst, es ist nun an der Zeit zurückzukommen. Du verabschiedest Dich von Deinem ruhigen, reinigenden See.

Du nimmst einen tiefen Atemzug. Atme tief ein und aus.
Spüre Deine Finger und bewege sie langsam.
Spüre Deine Arme und deine Beine.
Strecke und räkele Dich wie eine Katze.
Spanne alle Muskeln des Körpers an und fühle dabei die Freude und Energie in Dir.
Ich zähle gleich langsam rückwärts von 5 bis 0. Bei 0 öffnest Du Deine Augen. Du wirst glücklich und wach sein und Dich angenehm und geliebt fühlen.
5-4-3-2-1 und 0.

Willkommen zurück!

Wie fühlst Du Dich nach dem Baden im See? Ist Deine magische Kompassnadel gerade im roten oder im grünen Bereich?

_____

_____

_____

Dein Zauberer erklärt: **Jetzt weißt Du, dass Du selbst immer besser zaubern kannst. Jetzt kannst Du Dein eigenes Kopfkino**

zum Guten wenden – und in Deinem Kopf wird es still wie der ruhige See. Dann spürst Du Deine Kraft noch viel mehr!

Dein Zauberer lädt Dich ein zu malen und zu gestalten, was Du auf der Fantasiereise erlebt hast. Lass Dich von folgenden Ideen und Fragen inspirieren:

Male Dich beim Baden im See und wie Du geschwommen bist, geplantscht hast mit Deinem Zauberer. Vielleicht möchtest Du auch den Strudel malen und wie Du den See ganz ruhig und klar gezaubert hast? Wie hast Du das geschafft? Oder Du möchtest Deinen Kraftsatz malen und gestalten?

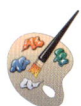

Kapitel 9: DAS GLÜCK IST IN DIR

Dein Zauberer fragt: Hast Du Dich auch schon mal auf etwas gefreut, was dann nicht geklappt hat?

Erinnerst Du Dich an so eine Situation? Spür mal in Dich hinein, ruf Dich mal an: Wo war da Deine magische Kompassnadel – im grünen oder im roten Bereich?

_____

_____

_____

Dein Zauberer erzählt: Heute geht es darum, vom Miesepeter wieder zur guten Laune und zum guten Gefühl zu kommen! Bisher ist das manchmal ja gar nicht so einfach, stimmts?

Jeder Mensch hat ein Herz. Du hast sogar ein Zauberer-Herz! In Deinem Herzen wirken Deine Gefühle und Gedanken, die Du von Deiner magischen Kompassnadel ja schon kennst. Das ist bei jedem Menschen so.
Wenn Dein Herz voller guter Gedanken und freudiger, glücklicher Gefühle ist, fühlst Du Dich ganz leicht – als hätte Dein Herz kleine Flügelchen! Und es strahlt und leuchtet so, dass sogar andere

Menschen es Dir ansehen können! Du wirst merken, dass Dir viele Dinge viel leichter fallen, wenn es Dir gut geht.

Dein Herz strahlt und leuchtet,
wenn Du glücklich bist.
Es wird ganz leicht,
als hätte es Flügel!

Kannst Du Dir vorstellen, wie sich Dein Herz anfühlt, wenn Du nicht so gute Gedanken hast oder Dich schlecht fühlst?
Es wird schwerer, das Strahlen und Leuchten lässt nach und es zieht seine Flügelchen ein.

Sammle Deine Glücksmomente

Deinem Zauberer ist wichtig: **Doch keine Sorge, Du findest eine Lösung, wie Dein Herz wieder leicht und strahlend wird und seine Flügelchen wieder ausbreitet!**

Hast Du eine Idee, was Du tun könntest, wenn Du schlechte Laune hast oder unglücklich bist? Was hilft Dir, wieder
glücklich zu sein?

_____

_____

_____

Erzähle mir von Dir!
Frage Deinen Reisebegleiter,
ob er auch manchmal
schlechte Laune hat
oder unglücklich ist.
Was hilft ihm dabei,
schnell wieder glücklich zu sein?
Tauscht Euch aus,
was jeder von Euch
für Ideen und Tipps hat!

Dein Zauberer erklärt: Wie gut, dass Du Deinen magischen
Kompass kennst! Und dass Du weißt, was Du so gut kannst. Vielleicht hast Du davon gerade etwas aufgeschrieben? Wenn Dir

noch etwas einfällt, kannst Du es immer dazuschreiben, denn dieses Buch lebt von Dir und Deinen Einträgen!

Dein Zauberer schmunzelt: **Mir tut oft Entspannung oder Bewegung an der frischen Luft gut. Ich verrate Dir ein Geheimnis: Erlebnisse in der Natur lassen Dein Zauberer-Herz strahlen und leuchten. Und dank seiner Flügelchen wird es ganz leicht! Dort kannst Du ganz viel beobachten: Was siehst Du? Du könntest den Geräuschen lauschen. Vielleicht gibt es einen bestimmten Geruch, den Du in Deiner Nase hast? Oder sogar einen Geschmack auf der Zunge? Was fühlst Du, wenn Du mit Deiner Hand zum Beispiel liebevoll über das Moos streichst? Und dabei vergisst Du meistens sogar, dass Du unglücklich warst! Es gibt so viel zu entdecken!**
In diesen Momenten bist Du ganz achtsam und machst Dir keine Gedanken über die Zukunft oder die Vergangenheit. Das ist eine Möglichkeit, Dein Herz mit guten Gefühlen zu füllen.

Schaust Du auf das Gewitter oder suchst Du den Regenbogen?

Dein Zauberer ist ganz aufgeregt: **Ob Dein Herz strahlt, leicht ist oder schwer, das kannst Du oft ganz gut selbst mit Deiner magischen Kompassnadel steuern! Manches können wir** nicht verändern. Doch wir können ändern, wie wir selbst damit umgehen! Und wenn Du Lust hast: Sammle tolle Glücksmomente! Die Momente, die Dich leicht, beschwingt und glücklich fühlen lassen, als hätte Dein Herz kleine Flügelchen!

Eine Idee von Deinem Zauberer

Sammle mit Deinem Reisebegleiter Glücksmomente. Schreibe auf kleine Zettel, was Dich glücklich gemacht hat.
Vielleicht tust Du sie in ein Glücksglas?
Sollte mal ein Moment kommen, in dem sich Dein Herz ganz schwer anfühlt, dann öffne Dein Glücksglas und erinnere Dich an ganz viele wunderbare Momente! Schwups! Sofort bekommt Dein Herz kleine Flügelchen und wird leichter!
Überlegt zusammen: Möchtet Ihr ein gemeinsames Glücksglas haben oder jeder sein eigenes?

Dein Zauberer flüstert Dir zu: **Möchtest Du mal fühlen, was Glück für Dich ist? Es bedeutet nämlich für jeden Menschen etwas anderes. Lass uns doch wieder einmal Deine innere Welt besuchen. Magst Du mal kurz hineinspüren? Dein Reisebegleiter liest Dir wieder ganz in Ruhe vor, sobald Du einen ruhigen Platz gefunden hast.**

Lege Deine Hand auf Dein Herz – und wenn Du magst, schließe kurz Deine Augen.

Atme tief ein und wieder aus.

Stell Dir eine Situation vor, bei der Du so richtig glücklich warst…, so, als hätte Dein Herz Flügelchen.

Was spürst Du in Deinem Körper? Vielleicht wird Dir kalt oder warm? Möglicherweise spürst Du ein Kribbeln oder Prickeln? Fühlst Du Dich gut? Oder wird Dir möglicherweise ganz leicht ums Herz?

Wo in Deinem Körper kannst Du das Gefühl fühlen? Vielleicht im Bauch? Oder im Kopf? In der Brust? Oder im Herz? Spüre mal gut hin.

Und wenn es sich gut anfühlt, dann mach das Gefühl mal stärker!

Wenn dieses Gefühl eine Farbe hätte, welche Farbe würde das Glück für Dich haben?

Wenn Du magst, lass diese Farbe durch Deinen ganzen Körper fließen: von den Haarspitzen über Deine Nase, Deinen Mund, Deinen Hals, in die Brust, in Dein Zauberer-Herz, in die Arme und Fingerspitzen, über den Rücken, in den Bauch, ins Gesäß, in die Beine, über die Knie und bis zu den Zehenspitzen.

Und jetzt leuchtest Du glücklich!

Atme nochmal tief ein und wieder aus und öffne Deine Augen.

Wie hat sich das angefühlt? Welche Farbe hat Dein Glück?

_____

_____

_____

Dein Zauberer findet: **Klopf Dir mal auf die Schulter, denn das hast Du richtig gut gemacht! Vielleicht freust Du Dich, dass Du Dich gerade glücklich fühlst?**

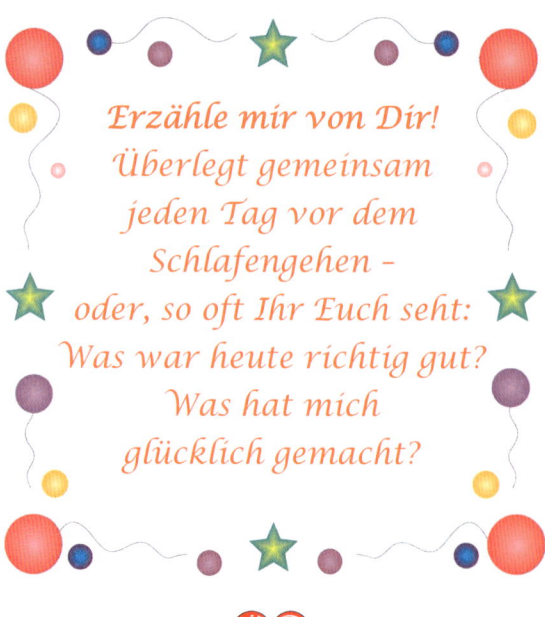

Erzähle mir von Dir!
Überlegt gemeinsam
jeden Tag vor dem
Schlafengehen –
oder, so oft Ihr Euch seht:
Was war heute richtig gut?
Was hat mich
glücklich gemacht?

Dein Zauberer freut sich: **Jetzt lade ich Dich wieder zu einer kleinen Fantasiereise ein – und wir machen uns auf die Reise in unsere innere Welt. Du weißt ja jetzt: Alles, was Du brauchst, findest Du in Dir. Und wenn es Dir in Dir drin gut geht, dann geht es Dir auch in der äußeren Welt gut! Macht es Euch bequem, und die Reise kann beginnen!**

Lieber Reisebegleiter, auf Seite 17 findest Du die Einleitung. Eine gute Reise!

Das Leuchten des Regenbogens

Stell Dir vor, Du bist auf einer wunderschönen, grünen Wiese. Es ist herrlich warm und die Sonne scheint. Du siehst in den Himmel, siehst sein strahlendes Blau.
Nur ein paar kleine weiße Wolken schweben ganz leicht. Du kannst die Sonnenstrahlen fühlen, die Dein Gesicht streicheln.
Ein Schmetterling fliegt ganz leicht um Dich herum. Du folgst ihm.
Der Schmetterling führt Dich heute mitten durch die Wiese! Ganz weit entfernt am Himmel, fast nicht sichtbar, kannst Du einen dunklen Punkt sehen. Er nähert sich Dir. Während dieser Punkt dichter herankommt und größer wird, kannst Du

erkennen, dass es ein außergewöhnlicher Heißluftballon ist. Er leuchtet in allen Farben und kommt
immer näher und näher. Und je näher er kommt,
umso tiefer sinkt er – bis er mitten auf der Wiese
landet.
Der bunte Heißluftballon hat einen riesengroßen
Korb! Du bist neugierig, trittst näher und überlegst,
ob Du Dich wohl traust mitzufliegen?

Jemand winkt Dir freundlich zu und reicht Dir die
Hand. Du siehst: Es ist ein Zauberer, Dein Zaube-
rer! Erkennst Du seine liebevollen, gütigen Augen?
Er lächelt Dich sanft an und sagt mit leiser, war-
mer Stimme:
„Wie schön, dass Du hier bist! Willkommen zurück!"
Kannst Du seine liebevolle Stimme hören?
Du freust Dich und kletterst mit seiner Hilfe in den
Korb. Dein Zauberer spricht:
„Heute möchte ich Dich einladen, mit mir auf die
Suche nach dem Guten zu gehen und einen ganz
besonderen Zauber zu finden. Dafür steigen wir
jetzt mit dem Ballon hoch in den Himmel, damit
wir alles sehen können."
Während Du es Dir in dem Korb gemütlich machst,
schwingt Dein Zauberer seinen Zauberstab.
Schwupps! Der Ballon hebt ab und der Zauberer
lässt ihn höher und höher steigen. Du kannst fühlen,
wie Du nach oben getragen wirst. Ganz sanft geht

es immer höher und höher. Sachte schaukelt der Korb im Wind. Kannst Du das Schaukeln spüren? Du genießt die Leichtigkeit des Schwebens und spürst ein Prickeln im Bauch.
Du siehst, wie die Wiese, Dein Häuschen, der Wald, der See, die Berge und das Meer immer kleiner werden.

Dein Zauberer lädt Dich ein, an den Rand des Korbes zu kommen und auf die beeindruckende Natur unter Euch zu blicken. Er spricht: „Kannst Du hier unten, links von den Bergen, sehen, wie die Wolken immer dunkler werden? Die ersten Tropfen fallen schon auf die Erde, der Himmel ist schon ganz grau. Es wird ein Gewitter geben.“ Aber ihr beide seht beschützt dem Treiben zu, wie der Wind immer stärker pustet und die Bäume sich biegen, um ihm standzuhalten, wie die Tiere sich Unterschlupf suchen, um nicht nass zu werden, wie Blitze über den Bergen hängen.
Dein Zauberer sieht Dich an und sagt: „Das Gewitter kannst Du nicht verändern. Es vergeht auch schon langsam. Doch wenn Regen und Sonne aufeinandertreffen, entsteht ein Regenbogen. Hier ist er. Ist er nicht wunderbar? Kannst Du ihn sehen?“ Du siehst ihn tatsächlich! Über den Bergen scheint ein wunderschöner Regenbogen, der in den schillerndsten bunten Farben leuchtet. Dein Zauberer

spricht: „Wenn es regnet, dann sieh Dich nach einem Regenbogen um! Suche das, was trotzdem gut – oder gerade deshalb so schön ist. Ein Regenbogen kann nämlich nicht entstehen, wenn es keinen Regen gibt."

Was also siehst Du noch? Du schaust von Deinem geschützten Korb nach unten auf die Welt und erkennst Dein Tal. Du siehst unzählige Bäume, Wiesen voller bunter Blumen, auf denen jeder Grashalm von den Regentropfen schimmert. Du erkennst auch den See mit dem Bach. Langsam treten die Tiere aus ihrem Schutz hervor, um den einmaligen Regenbogen zu betrachten, der in den leuchtendsten Farben strahlt.

Dein Zauberer tritt vor Dich. In der Hand hält er ein kleines Säckchen. „Ich habe ein Geschenk für Dich, damit Du diesen Ausflug niemals vergisst." Er öffnet das Säckchen und nimmt eine Handvoll leuchtenden Regenbogenzauberstaub heraus. In allen Farben glänzend, liegt der Regenbogenzauberstaub in seiner Hand. Dein Zauberer grinst und pustet den Staub über Dich! Sein Strahlen umhüllt Dich ganz. Alles um Dich herum strahlt in den schönsten Farben.

Dein Zauberer spricht: „Ganz tief in Deinem Inneren – in Deinem Herz – ist nun das Leuchten des Regenbogens. Möge dieser Zauber Dich immer begleiten! Mögest Du Dich erinnern, dass Du immer die Wahl hast, entweder auf das Gewitter zu sehen oder nach dem Regenbogen zu suchen, also nach dem Guten in der Situation.

Wenn Du wieder einmal traurig oder unglücklich bist, dann höre auf Dein Herz. Höre auf den Regenbogen. Erinnere Dich: Das Glück findest Du nicht im Regenbogen, sondern in DIR. Dann wird Dir ganz leicht ums Herz werden. – Und Dein Herz wird strahlen, leuchten und Flügelchen bekommen."

Mit jedem Atemzug nimmst Du mehr von dem Zauber auf, den der Zauberer zu Dir gepustet hat. Du spürst, wie in Dir das Leuchten des Regenbogens immer größer wird und sich die Leichtigkeit in Deinem Herzen niederlässt.

Dein Zauberer verbeugt sich vor Dir, winkt Dir zu und verabschiedet sich.

Du fühlst Dich so wohl hier in luftiger Höhe, in Deinem Ballon.

Das ist ein ganz herrliches Gefühl – voller Glück, Leichtigkeit und Freude.

Du bist glücklich, denn mit Hilfe Deines Zauberers und dem Regenbogen hast Du Dich erinnert, dass Du entscheiden kannst, worauf Du Dich konzentrierst: entweder auf das Gewitter oder den Regenbogen. Entweder auf das, was gerade doof ist, oder auf das, was trotzdem gut ist. Schließlich weißt Du, dass Dein Glück in DIR ist, so, wie alles in Dir selbst ist. Daran erinnerst Du Dich immer, wenn Du einen Regenbogen siehst, – oder wenn Du Dein Geschenk, das Säckchen mit dem Regenbogenzauberstaub, öffnest.

Du spürst, es ist nun an der Zeit zurückzukommen. Du verabschiedest Dich von Deinem Ballon.

Du nimmst einen tiefen Atemzug. Atme tief ein und aus.
Spüre Deine Finger und bewege sie langsam.
Spüre Deine Arme und deine Beine.
Strecke und räkele Dich wie eine Katze.
Spanne alle Muskeln des Körpers an und fühle dabei die Freude und das Glück in Dir. Ich zähle gleich langsam rückwärts von 5 bis 0. Bei 0 öffnest Du Deine Augen. Du wirst glücklich und wach sein und Dich angenehm und leicht fühlen.
5-4-3-2-1 und 0.

Willkommen zurück!

(?)   Wie fühlst Du Dich nach dem Ausflug mit dem Ballon? Ist Deine magische Kompassnadel gerade im roten oder im grünen Bereich?

_____

_____

_____

Dein Zauberer erklärt: Jetzt weißt Du, dass das Glück in Dir ist und Du entscheiden kannst, worauf Du achtest: auf das Gewitter oder auf den Regenbogen! Du merkst vielleicht: Dein Herz hat eine ganz wichtige Rolle.

Dein Zauberer lädt Dich ein zu malen und zu gestalten, was Du auf der Fantasiereise erlebt hast. Lass Dich von folgenden Ideen und Fragen inspirieren:

Was für Ideen machen Dein Herz glücklich? Was lässt es leicht werden, als hätte es kleine Flügelchen? Was lässt es strahlen? Vielleicht magst Du auch den Regenbogen malen? Welche leuchtenden Farben würdest Du ihm geben? Möglicherweise hast Du auch Lust, Dich selbst zu malen, umhüllt von Regenbogenzauberstaub?

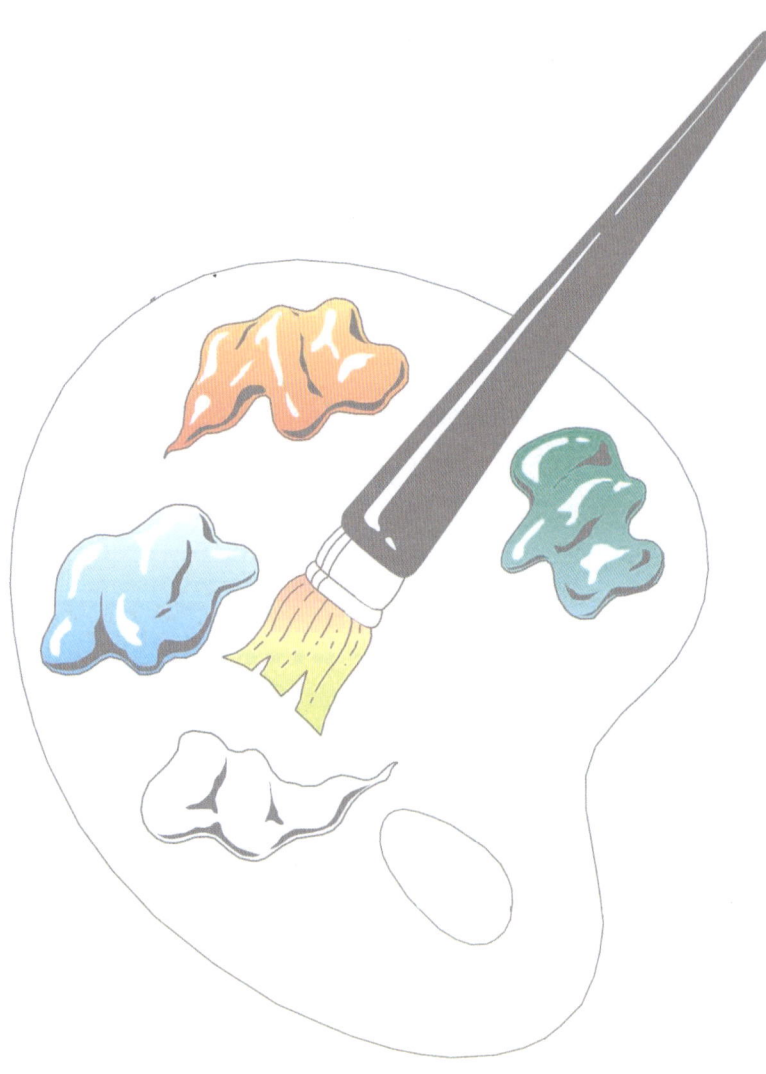

Kapitel 10: DEIN HERZENSTANK

Dein Zauberer fragt: **Nun haben wir ja schon oft über Gefühle gesprochen, stimmts? Erzähl mir doch bitte nochmal: Welche Gefühle sind alle gut für Dich?**

(?) **Erinnerst Du Dich? Welche Gefühle dürfen sein?**

_____

_____

_____

Jedes Gefühl zeigt Dir den Weg

Dein Zauberer freut sich: **Alle! Ganz genau! Jedes Gefühl darf sein, nur manche Handlungen sind schlecht, zum Beispiel jemand anderem wehtun, den Freund auslachen, der Freundin das Käsebrot wegnehmen... Da fallen Dir bestimmt noch viele Dinge mehr ein, stimmts?**
Jedes Gefühl, auch das, bei dem es Dir schlecht geht, zeigt Dir den Weg. Nämlich, dass Du Dich mit Dir selbst verbindest und in Dich hineinhörst, als würdest Du Dich selbst anrufen. Dann spürst Du, warum Du gerade dieses bestimmte Gefühl hast. Du spürst, was Du jetzt brauchst, damit es Dir wieder gut geht.

Dein Zauberer erzählt: **Heute geht es darum, dieses Gefühl auch auszusprechen. Dazu möchte ich ein Beispiel geben, vielleicht kennst Du eine ähnliche Situation:**

Deine Mama oder Dein Papa ist heute irgendwie komisch. Gereizt. Verärgert. Kurz angebunden. Gestresst. Hast Du das schon einmal erlebt? Das kommt schon mal vor und ist auch ganz normal. Und weil Du das ja merkst und spürst, hast Du vielleicht schon mal gefragt: „Was ist denn mit Dir los?"

Deinem Zauberer ist wichtig: **Leider sagen jetzt viele Menschen: „Nichts. Alles in Ordnung!" Möglicherweise kennst Du eine ähnliche Antwort?**

Ich möchte Dich – und auch Deine Mama, Deinen Papa und Deinen Reisebegleiter – dazu ermutigen auszusprechen, wie es Dir geht! Vor allem gegenüber den Menschen, denen Du vertraust. Es ist nämlich ganz wichtig, auf seine Gefühle zu achten, in sich hineinzuhören und die Gefühle auch auszusprechen!

Wie könnte in unserem Beispiel also eine richtig gute Antwort lauten?

„Was ist denn mit Dir los?" – „Ich bin im Moment sehr müde und hatte einen ganz schön langen Tag auf der Arbeit. Ich sehne mich jetzt nach Ruhe!"

Jetzt weißt Du, Dein Gefühl war richtig. Und da Du ja gut auf Deine Handlungen achtest, um niemanden zu verletzten, verrate

ich Dir etwas: Es hat nichts mit Dir zu tun, wenn es einem anderen Menschen gerade nicht so gut geht!

Es hat nichts
mit Dir zu tun,
wenn es einem
anderen Menschen
gerade nicht gut geht.

Dein Zauberer ist ganz aufgeregt: Jeder Mensch hat so etwas wie einen inneren Tank. Der wohnt im Herzen. Das kannst Du Dir so vorstellen, wie wenn Ihr mit dem Auto fahrt: Wenn das Auto zuhause steht, seine Ruhe hat und nicht gefahren wird, dann ist normalerweise alles in Ordnung. Wenn aber das Auto eine ganz lange Strecke fährt, zum Beispiel auf einer langen Reise, dann wird der Tank leer. Und so geht es auch uns Menschen. Wenn Eltern in der Arbeit und wir in der Schule viel zu tun haben, uns um viele Dinge gleichzeitig kümmern müssen und unser Gedankenkino gerade mit uns Loopings fährt, dann wird unser Tank schnell leer, wenn wir nicht aufpassen.

Wenn Du spürst, dass Du gerade ein Gefühl hast, mit dem es Dir schlecht geht, dann sprich es aus! Dann weiß auch Deine Mama, Dein Papa, Dein Reisebegleiter, was gerade in Dir passiert. Vielleich findet Ihr gemeinsam eine Lösung, die Dir genau dann gut-tun würde.

Dein Herz ist
ein ganz magischer Ort,
denn da wohnt
Dein Zauberer!

Dein Zauberer flüstert Dir zu: Du weißt ja jetzt schon: Wenn Du glücklich bist, strahlt und leuchtet Dein Herz. Es fühlt sich leicht an, als hätte es kleine Flügelchen. Du weißt auch, dass Dein Herz eine wichtige Rolle spielt. Ich verrate Dir noch ein Geheimnis: Wenn Du Dich schlecht fühlst und für längere Zeit gereizt, genervt, ärgerlich oder unter Druck bist, dann schließt sich Dein Herz ganz langsam. Weißt Du, Dein Herz ist ein ganz magischer Ort: Hier wohne ich! Dein Zauberer! Und wenn Dein Herz sich schließt, dann kannst Du Deinen Zauberer nicht mehr hören, Du bist nicht mehr mit Deiner inneren Welt verbunden, Dein Anruf kommt nicht an.

Doch wie kannst Du Dein Herz wieder öffnen?

Der Herzensschlüssel

Der Herzensschlüssel ist für Eure ganze Familie!
Es ist ein kurzer Satz,
den Ihr gemeinsam findet und vereinbart.
Macht es Euch dazu gemütlich, zündet vielleicht ein Kerz-
lein an, setzt Euch zusammen und überlegt Euch einen
ganz kurzen Satz wie ein Codewort.
Dieser Satz sollte jeden von Euch im Herzen berühren und
wieder zurückbringen aus seinem inneren Strudel,
aus seinem Kopfkino, seinem Stress.
Gebt Euch die Hand darauf wie bei einem Versprechen.
Der Satz könnte zum Beispiel sein: Was brauchst Du?
Wichtig sind wertschätzende, liebevoll gesagte Worte.
Wenn Du – ganz egal, ob Kind oder Reisebegleiter – merkst,
dass der andere gerade gar nicht bei sich ist,
es ihm nicht gut geht, er gereizt, gestresst, genervt oder
hektisch ist, der berühmte Geduldsfaden mal reißt,
jemand laut wird oder weinen muss,
das Herz sich langsam verschließt,
dann sag dem anderen den vereinbarten Satz. Liebevoll.
Und der andere verspricht, sich dafür zu bedanken.
Egal, was sonst gerade ist.
Du wirst merken:
Wenn jemand mit dem Herzensschlüssel – Eurem Satz –
Dein Herz wieder aufsperrt,
kann Dein Zauberer wieder mit Dir sprechen
und Du fühlst Dich schon viel besser!

Wie und womit
füllst Du Deinen Herzenstank auf?

Dein Zauberer ist jetzt in seinem Element: **Mit diesem Herzensschlüssel schaffst Du nicht nur die Verbindung zu Dir selbst, indem Du in Dich hineinhörst, was Du fühlst, was Du brauchst, sondern auch die Verbindung zu einem anderen Menschen.**
So kann Dir jemand ganz liebevoll helfen, Dich zu erinnern, was Du jetzt wirklich brauchst oder fühlst.
Und das wirkt und füllt den Tank in Deinem Herzen ganz schnell wieder auf. Was hilft noch, den Tank zu füllen? Beim Auto ist es ja Benzin, Diesel oder Strom.
Und bei Menschen?

Womit möchtest Du Deinen Herzenstank füllen?

_____

_____

_____

Dein Zauberer flüstert Dir zu: **Möchtest Du mal fühlen, wie sich Dein Herzenstank voll anfühlt? Lass uns doch wieder einmal Deine innere Welt besuchen. Magst Du mal kurz hineinspüren? Dein Reisebegleiter liest Dir wieder ganz in Ruhe vor, sobald Du einen ruhigen Platz gefunden hast.**

Lege Deine Hand auf Dein Herz – und wenn Du magst, schließe kurz Deine Augen.

Atme tief ein und wieder aus.

Stell Dir vor, wie Du Deinen Herzenstank so richtig voll machst.

Vielleicht mit Gefühlen, die sich gut anfühlen? Mit Menschen und Tieren, die Du liebst und die Dich lieben, mit Dingen, die Du gerne tust? Hast Du noch eine Idee?

Was spürst Du in Deinem Körper? Vielleicht wird Dir kalt oder warm? Möglicherweise spürst Du ein Kribbeln oder Prickeln? Fühlst Du Dich gut? Oder wird Dir möglicherweise ganz leicht ums Herz?

Wenn Dein Tank in Deinem Herzen so richtig voll ist, wie groß bist Du dann? Vielleicht so groß wie ein Baum? Oder ein Haus? Oder ein Berg? Möglicherweise so groß wie ein See oder das Meer? Oder bis zum Mond und zurück?

Und wenn es sich gut anfühlt, dann mach Dich noch größer.

Kannst Du sehen, wie Dein Herz strahlt?

Wenn Du magst, lass dieses Strahlen durch Deinen ganzen Körper fließen: von den Haarspitzen über Deine Nase, Deinen Mund, Deinen Hals, in die Brust, in Dein Zauberer-Herz, in die Arme und Fingerspitzen, über den Rücken, in den Bauch, ins Gesäß, in die Beine, über die Knie und bis zu den Zehenspitzen.

Und jetzt strahlst Du glücklich aus Deinem Herzen heraus!

Atme nochmal tief ein und wieder aus und öffne Deine Augen.

⟨?⟩ Konntest Du Dir vorstellen, wie groß Du bist?

_____

_____

_____

Dein Zauberer findet: Klopf Dir mal auf die Schulter, denn das hast Du richtig gut gemacht! Vielleicht freust Du Dich, dass Dein Herzenstank gerade richtig voll ist?

Dein Zauberer freut sich: Jetzt lade ich Dich wieder zu einer kleinen Fantasiereise ein – und wir machen uns auf die Reise in unsere innere Welt. Du weißt ja mittlerweile: All Deine Gefühle und Deine Kraft zum Zaubern findest Du nur in Dir, in Deinem Herz. Und wenn es Dir in Dir drin gut geht, dann geht es Dir auch in der äußeren Welt gut! Macht es Euch gemütlich, und die Reise beginnt!

ⓘ Lieber Reisebegleiter, auf Seite 17 findest Du die Einleitung. Eine gute Reise!

Dein Herzensgeschenk

Stell Dir vor, Du bist auf einer traumhaft grünen Wiese und die Sonne scheint.
Hier blühen ganz viele bunte Blumen.
Riechst Du ihren Duft? Bienen summen, Käfer krabbeln und Du kannst die Sonnenstrahlen fühlen, die Dein Gesicht streicheln.
Ein Schmetterling fliegt ganz leicht um Dich herum. Du folgst ihm. Er führt Dich einen schönen Weg an der Wiese entlang. Du blickst dich um.
Ist das nicht eine tolle Landschaft?
Da siehst Du ein bezauberndes kleines Häuschen. Es ist Dein kleines Häuschen.
An der Tür steht DEIN NAME. Du trittst ein und Du fühlst Dich sofort wieder zuhause, denn es ist das schönste, gemütlichste Häuschen, das Du je gesehen hast.
Du fühlst Dich hier wieder willkommen und wunderst Dich nicht, als es an der Tür leise klopft.

Es ist ein Zauberer, Dein Zauberer! Siehst Du seine liebevollen, gütigen Augen? Er lächelt Dich sanft an und sagt mit leiser, warmer Stimme:

„Wie schön, dass Du hier bist. Willkommen zurück! Heute möchte ich Dir ein Geschenk machen." Er zückt ein grandios verpacktes Geschenk, das er hinter seinem Rücken versteckt hatte. Er schmunzelt, während er Dir feierlich das Geschenk übergibt. Es ist verpackt mit dem schönsten Geschenkpapier, das Du je gesehen hast. Es gibt auch ein glitzerndes Band um das Geschenk, das mit einer Schleife gebunden ist. Es ist das schönste Geschenk, dass Du je gesehen hast. Und es ist nur für Dich bestimmt, denn es steht Dein Name darauf.

„Das ist das wertvollste Geschenk, dass ich Dir machen kann. Setz Dich und öffne es in Ruhe."

Kannst Du die liebevolle Stimme Deines Zauberers hören?

Du suchst Dir ein ruhiges Plätzchen in Deinem bezaubernden Haus. Dann öffnest Du neugierig die schöne Verpackung. Dazu löst Du die liebevoll gebundene Schleife. Jetzt siehst Du Dein persönliches Geschenk!

Zum Vorschein kommt: eine Schatzkiste, Deine persönliche Schatzkiste! Auch sie ist herrlich verziert und sieht atemberaubend schön aus.

Was für ein Schatz mag wohl darin sein?

Du öffnest das Schatzkästchen ganz vorsichtig und guckst hinein.

Was Du erblickst, kannst Du gar nicht allein mit den Augen wahrnehmen. Du bist überwältigt und schließt Deine Augen.

Und jetzt spürst Du die Liebe darin, die Liebe für DICH selbst!

Du bist geliebt. Genau so, wie Du bist, bist Du wunderbar.

Du spürst Vertrauen zu Dir selbst, diese stille Art von Mut. Plötzlich weißt Du, Du schaffst alles, was Dir wichtig ist.

Du spürst Geborgenheit. Du fühlst Dich zuhause in Deinem kleinen Häuschen, in DIR. Du magst Dich genau so, wie Du bist.

Du spürst eine herrliche Ruhe ganz tief in Dir selbst.

Wenn Du in die Ruhe kommst, kannst Du Dich hören und mit Dir verbinden. Du spürst, was Du selbst Dir wünschst, was Du brauchst. Höre auf diese Stimme! Auch wenn sie anfangs ganz leise ist, sie ist die wichtigste Stimme, denn es spricht Dein Herz.

Du spürst Sicherheit. Hier bist Du sicher. In Dir. Hier kann Dir nichts passieren, denn Du bist beschützt.
Du spürst ein tiefes Glück über all die wundervollen Gefühle und dass Du sie spüren kannst.

Plötzlich spürst Du eine große Leichtigkeit. Es ist, als ob Du viel leichter atmen kannst. Du fühlst Dich so wohl hier. Das ist ein ganz tolles, gutes Gefühl - voller Ruhe, Harmonie und Liebe.

Dein Zauberer verbeugt sich vor Dir, winkt Dir zu und verabschiedet sich.

Du fühlst Dich so wohl hier in Deinem hübschen Häuschen.
Du bist glücklich, denn mit Hilfe Deines Zauberers und seinem Geschenk an Dich hast Du Dich erinnert, dass Du geliebt bist. Genau so, wie Du bist.
Dass Du Dir vertraust und Dich traust.
Dass Du alles schaffst, was Dir wichtig ist.
Dass Du in Dich hineinhören und sogar Dein Herz hören kannst, wenn es ruhig in Dir ist.
Dass Du in Sicherheit bist. Beschützt.
Dass es gut und richtig ist, Gefühle spüren zu können.
Du weißt, Du kannst jederzeit wieder hierher zurückkommen!

Du spürst, es ist nun an der Zeit zurückzukommen.
Du verabschiedest Dich von Deinem Häuschen.

Du nimmst einen tiefen Atemzug. Atme tief ein
und aus.
Spüre Deine Finger und bewege sie langsam.
Spüre Deine Arme und deine Beine.
Strecke und räkele Dich wie eine Katze.
Spanne alle Muskeln des Körpers nochmal kurz an
und fühle dabei die Freude und das Glück in Dir.
Ich zähle gleich langsam rückwärts von 5 bis 0. Bei
0 öffnest Du Deine Augen. Du wirst glücklich und
wach sein und Dich angenehm und leicht fühlen.
5-4-3-2-1 und 0.

Willkommen zurück!

Wie hat sich das Öffnen Deiner persönlichen Schatzkiste angefühlt? Ist Deine magische Kompassnadel gerade im roten oder im grünen Bereich?

_____

_____

_____

Dein Zauberer erklärt: Jetzt kennst Du das Geheimnis um den Herzenstank und weißt, wie Ihr als Familie mit dem Herzensschlüssel wieder Zugang zu Euren Herzen bekommt. Du weißt auch, womit Du Deinen Herzenstank füllen kannst. Achte gut darauf, dass er gefüllt ist.

Dein Zauberer lädt Dich ein zu malen und zu gestalten, was Du auf der Fantasiereise erlebt hast. Lass Dich von folgenden Fragen inspirieren:

Wie sieht Dein Herzensschlüssel aus? Wer wohnt in Deinem Herzen? Wer und was tut Dir gut? Vielleicht hast Du Lust, all die Menschen, Tiere, Orte, Dinge und Gefühle in Dein Herz hineinzumalen? So ist Dein Herzenstank sichtbar und Du wirst mit dem Bild daran erinnert, ihn gut zu füllen.

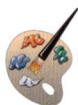

Kapitel 11: DAS GEHEIMNIS DEINES ZAUBERERS

Dein Zauberer fragt: **Nun haben wir ja schon viel erlebt auf unserer gemeinsamen Reise, stimmts? Es hat mir eine riesengroße Freude gemacht, Dich zu begleiten! Erzähl mir doch mal, hat es Dir auch gefallen?**

Was an unserer Reise hat Dir am allerbesten gefallen? Woran erinnerst Du Dich gerne?

_____

_____

_____

Der Zauberer bist Du!

Dein Zauberer freut sich: **Heute möchte ich Dir das größte Geheimnis verraten: Unsere gemeinsame Reise ist noch gar nicht zu Ende! Du kannst dieses Buch immer wieder lesen, ganz egal, wie alt Du bist. Du wirst entdecken, dass es Dir jedes Mal erneut hilfreich sein kann und Du Dich immer wieder erinnern wirst. Und das ist wichtig, denn im Alltag geraten ganz viele hochwirksame Zaubersprüche schnell mal in Vergessenheit.**

Dein Zauberer erzählt: **Du weißt ja jetzt ganz genau, dass jedes Gefühl richtig und wichtig ist. Es zeigt Dir den Weg. Denke**

143

dabei an Deinen magischen Kompass. Du hast ganz viele unterschiedliche Reisen in Deine innere Welt erlebt, um zu fühlen, was gerade für Dich wichtig ist, um Deinen Körper zu verstehen, denn er spricht mit Dir und hilft Dir, Deine Gefühle auseinanderzuhalten. So weißt Du immer besser, welches Gefühl gerade gesehen werden möchte. Du weißt, warum ein Anruf bei Dir selbst so wichtig ist. Du kennst nun viele Zaubertricks, mit denen Du Deine magische Kompassnadel immer wieder in den grünen Bereich bringen kannst.

Deinem Zauberer ist wichtig: Du hast das Geheimnis Deines Herzens erfahren: Du weißt, dass es so wichtig ist, Deinen Herzenstank gut zu füllen. Du weißt, dass Dein Herz, wenn Du glücklich bist, leuchtet und strahlt und so leicht ist, als würden ihm Flügelchen wachsen. Dein Herz ist ein magischer Ort, denn dort wohne ja ich, Dein Zauberer. Du weißt jetzt ja schon: Wenn Dein Herz sich schließt, weil Du Dich schlecht fühlst, kannst Du mich nicht mehr hören.

Dein Zauberer ist ganz aufgeregt: Wenn Du mich nicht mehr hören kannst, kannst Du auch Dich selbst nicht mehr hören. Dann bist Du nicht mehr in Verbindung mit Dir. Denn DU bist der Zauberer! Du selbst, Du ganz allein! Dieses Buch hat Dich auf der Reise in Deine innere Welt begleitet, um Dich selbst, Deine Stärke und Deine Kraft in Deinem Herzen zu finden.

**DU
bist der Zauberer!**

Dein Zauberer flüstert Dir zu: **Alles, was Du brauchst, findest Du in Dir selbst! Erinnerst Du Dich? In Dir findest Du alle Zauberkraft der Welt!**

Die Zutaten dieser Zauberkraft hast Du:

Du vertraust mittlerweile Deiner inneren Stimme, Deinem Herz.

Du bist Dir Deiner Stärken sehr bewusst!

Du glaubst an Dich selbst.

Wenn Du einen Tag hast, an dem Du Zuspruch brauchst, nimm dieses Buch zur Hand! Du kennst Deine kostbare Energie der Dankbarkeit und bist Dir bewusst, was an diesem Tag richtig gut ist. Du vertraust Dir selbst und Du traust Dich, Du nimmst Deine Chance wahr! Du weißt, dass Du selbst den Film Deines Kopfkinos drehst – und wie Du den Film positiv gestalten kannst. Das Glück ist in Dir. Du sammelst Deine eigenen Glücksmomente, Du suchst den Regenbogen, so oft es möglich ist! Du selbst füllst Deinen Herzenstank und achtest darauf, dass viel Gutes in den Tank kommt. Du weißt, dass Dein Herz ein magischer Ort ist,

denn dort ist Dein eigenes Zuhause, dort wohnen Deine Kraft, Deine Freude und Dein Glück!

Kannst Du spüren,
wie viel Zauberkraft
Du hast?

Du zauberst mit dem Herzen!

Dein Zauberer wird rot: Doch da ist noch etwas... Immer, wenn wir beide bisher gezaubert haben, haben wir meinen Zauberstab benutzt. Erinnerst Du Dich?

Weißt Du, den brauche ich sonst nie! Doch die meisten anderen Zauberer haben einen Zauberstab. Da dachte ich, vielleicht ist es gut, wenn Du damit beginnst, mit einem Zauberstab zu zaubern.

Dein Zauberer ist ganz in seinem Element: Jetzt aber bist Du soweit, um auch das letzte große Geheimnis zu erfahren: Du kannst ohne Zauberstab zaubern!

Ja, wirklich! Und weißt Du auch, warum?

Du zauberst mit Deinem Herzen!

Am besten zaubert Dein Herz, wenn es strahlt und leuchtet und ganz leicht ist, als hätte es kleine Flügelchen! Wenn Dein Herzenstank gut gefüllt ist, dann hat Dein Herz am allermeisten Kraft und Energie zum Zaubern!

Dein Zauberer ist so stolz auf Dich: Klopf Dir mal auf die Schulter, denn diese Reise hast Du richtig gut gemacht! Ich wünsche Dir viel Freude beim Zaubern!

Eine Idee von Deinem Zauberer

Erinnert Euch zusammen an die Stationen Eurer gemeinsamen Reise. Tauscht Euch über die verschiedenen Reiseziele aus. Was hat Euch am besten gefallen? Möchtet Ihr etwas wiederholen oder nochmal erleben? Was hat jedem von Euch gut getan?
Wenn Ihr etwas notieren möchtet, könnt Ihr damit anschließend Eure Schatzkiste füllen.

Dein Zauberer erklärt: Jetzt kennst Du alle meine Geheimnisse. Ich freue mich darauf, Dich auf Deinem weiteren Weg und beim Zaubern zu begleiten. Ich freue mich darauf, aus Deinem Herzen heraus für Dich da zu sein – immer. Achte nur darauf, dass Du Dich – und damit auch mich – hören kannst!

Dein Zauberer lädt Dich ein zu malen und zu gestalten, was Du im Buch erlebt hast. Lass Dich von folgender Frage inspirieren:

Was ist so wertvoll, dass Du es aus dem Buch mitnehmen und immer bei Dir haben möchtest? Vielleicht magst Du Dein Herz malen, und was es alles kann?

Deine Herzensbotschaft

Alles, was Du brauchst, findest Du in Dir selbst!
Erinnerst Du Dich?
In Dir findest Du alle Zauberkraft der Welt!
Du vertraust mittlerweile Deiner inneren Stimme,
Deinem Herz.
Du bist Dir Deiner Stärken sehr bewusst!
Du glaubst an Dich selbst.
Du kennst Deine kostbare Energie der Dankbarkeit und
bist Dir bewusst, was an diesem Tag richtig gut ist.
Du vertraust Dir selbst. – Du traust Dich
und Du nimmst Deine Chance wahr!
Du weißt, dass Du selbst den Film Deines Kopfkinos drehst
– und wie Du den Film positiv gestalten kannst.
Das Glück ist in Dir.
Du sammelst Deine eigenen Glücksmomente,
Du suchst den Regenbogen, so oft es möglich ist!
Du selbst füllst Deinen Herzenstank und achtest darauf,
dass viel Gutes in den Tank kommt.
Du weißt, dass Dein Herz ein magischer Ort ist,
denn dort ist Dein eigenes Zuhause,
dort wohnen Deine Kraft, Deine Freude und Dein Glück!
DU bist der Zauberer!
Kannst Du spüren, wie viel Zauberkraft Du hast?
Denke immer daran:
Du zauberst mit Deinem Herzen!

Kapitel 12: DEIN ZAUBERER ALS STÄNDIGER BEGLEITER

An was möchtest Du Dich erinnern? Was sind Deine wichtigsten Zaubersprüche?

Hier hast Du Raum für Dich. Hier kannst Du ganz kreativ all die Sätze nochmal gesammelt eintragen, die Dein Herz berühren:

Lieber Reisebegleiter,

hier ist Platz für Deine Gedanken.

Danke, lieber Reisebegleiter!

Wie schön, dass Du diese Reise begleitet hast! Der Zauberer Deines Kindes bedankt sich von ganzem Herzen bei Dir! Vielleicht weißt Du es jetzt: Ja, natürlich hast auch DU Deinen eigenen Zauberer!

Dein Zauberer sagt: Ich hoffe so, dass Du diese gemeinsame Reise mit Deinem Kind genießen konntest und Ihr Euch nahe gekommen seid, Eure Verbindung intensiviert und Eure Beziehung dadurch gestärkt habt!

Deinem Zauberer ist wichtig: Weißt Du, wie Kinder am meisten von uns lernen können? Indem wir sie an unseren Gefühlen auch teilhaben lassen und hier ein ehrliches Vorbild sind. Wir Erwachsenen müssen nicht immer „stark" sein.

Wahre Stärke zeigt Gefühl.

Dein Zauberer ist ganz aufgeregt: Wer von uns kennt keine Angst, agiert immer völlig sicher und hat ständig alles im Griff?

Ganz ehrlich: Wir alle kennen die gesamte Bandbreite und können bestimmt das ein und andere Beispiel erzählen, stimmts?

Richtig ist, dass wir auch Gefühle und Bedürfnisse haben! Indem wir ehrlich zeigen, wie wir damit umgehen, helfen wir unseren Kindern zu verstehen, dass Gefühle erlaubt sind – und wie stressige Momente gut gelöst werden können!

Eines ist wichtig zu wissen: Kinder spüren, dass etwas „nicht stimmt". Wenn wir so tun, als ob alles ok ist – oder ihnen sagen, dass alles passt –, wird das Kind irgendwann aufhören, seinem Gefühl zu vertrauen. Es wird auch nicht mehr auf sein Herz hören. Und das möchten wir beide nicht, stimmts?

Ich bin nicht perfekt,
und das ist gut so.
Ich gebe mein Bestes,
und ich mag mich!

Dein Zauberer flüstert Dir zu: Achte gut darauf, Deinen eigenen Herzenstank immer gut zu füllen und Dich auch gut um Dich selbst zu sorgen, damit Dein Herz so leicht ist, als würden ihm Flügelchen wachsen. Nur dann kann es mit dem Herzen Deines Kindes um die Wette strahlen.

Wisse: Jeder Mensch handelt in jeder Situation so gut, wie er jetzt gerade kann. Das gilt für jeden von uns.

Für alle Fälle nutze ich diesen Zauberspruch:

Ich bin ruhig und entspannt,
denn in der Ruhe
liegt die Kraft.

Herzensdank

- meiner Familie, die meinen Herzensweg mit begleitet und mitgetragen hat.
- meinem Mann Ralph. Du hältst mir den Rücken frei und hast immer ein Ohr zum Austausch.
- Leni, Paula, Stefanie, Heinz und Yvette für Euer Vertrauen.
- besonderen Wegbegleitern, die meine Arbeit sehr geprägt haben:
  - Angelika Rausch-Schwab
  - Marion Jettenberger
  - Daniel Duddek
  - Andrea Schmalzl
- allen Kindern und Eltern, die mich an ihren Erfahrungen mit meiner Arbeit teilhaben ließen, vor allem Sina, Marie und Marion.
- Manuela Kinzel, die mit mir gemeinsam dieses Herzensprojekt verwirklichte – für ihr Vertrauen, ihre Geduld und ihr Engagement.

Die Autorin

Tanja Rödig wurde 1974 geboren und lebt im fränkischen Seenland.

Sie ist psychologisch-systemische Persönlichkeitstrainerin und Coach. Sie unterstützt Kinder, Jugendliche und Erwachsene dabei, ihre eigene innere Stärke zu spüren.

Durch ihre Arbeit als Resilienz-, Entspannungs- und Stresspräventionstrainerin für Schulen, Kindergärten und Familienzentren hat sie eine wertvolle Basis geschaffen, um viele kleine und große Menschen zu erreichen.

Ihre Stärken liegen dabei in ihrer Empathie, Herzenswärme, Kreativität, Intuition und der Begeisterungsfähigkeit. Ihr Wunsch ist es, Menschen im Herz zu berühren und sie mit ihren Worten und ihrem Tun zu stärken.

Als Kind erkrankt, wurde sie in der Schule selbst zum Außenseiter und Mobbingopfer. Sie weiß, wie unbeschreiblich weh das einer Kinderseele tun kann. Doch in der damals schwierigen Situation lag eine wertvolle Chance: Mit jedem Hindernis fand sie zu neuer Stärke. Heute weiß sie, wie wichtig es ist, an sich zu glauben und sich seiner inneren Welt – seiner Gefühle, Wünsche und Bedürfnisse – bewusst zu sein.

Ihre Vision ist es, Menschen in Verbindung mit sich selbst zu bringen, damit Sie sich mit all ihren Wünschen und Bedürfnissen verstehen und ausdrücken können. Dann nehmen Sie Ihre Gefühle und Gedanken aufmerksam wahr, sind selbstsicherer im Lösen von Konflikten und Herausforderungen sowie achtsam im Umgang mit Stress. So fühlen Sie sich innerlich stark – eben im Herzen bestärkt!

Kontakt zur Beratung, Begleitung, für Lesungen, Kurse, Semi-
nare und Vorträge: training@tanja-roedig.com

DU bist der Zauberer!

Kannst Du spüren, wie viel Zauberkraft Du hast?

Denke immer daran:

Du zauberst mit Deinem Herzen!

www.findedenzaubererindir.com